김문수 이야기

더 낮은 곳에서 더 뜨겁게

김문수 이야기

정흥국 지음

더 낮은 곳에서 더 뜨겁게

"공무원은 사익을 추구하지 않아야 하고, 가장 어렵고 가장 힘들어하는 사람들을 돌보는 일에 진심이어야 합니다. 법과 규정만 앞세우기보다 정말 어려운 국민들을 찾아서 그분들의 눈물을 닦아드리고, 그분들의 손을 잡고 일어서게 하는 것이 공직자의 사명입니다."

-김문수

프롤로그

 김문수는 사십 세까지 사회주의 개혁으로 노동자와 빈민 가리지 않고 모두가 잘사는 나라를 만들겠다는 신념으로 노동 현장에서 헌신한 노동운동가이자 민주화 투쟁에 앞장선 민주투사였다.

 그러나 베를린 장벽이 무너지고 소련이 붕괴되면서 사회주의를 추종하던 나라들이 몰락하는 현장을 직시하고, 전향을 결단하기까지 수년간 내적 고통을 견뎠다. 그리고 사회주의 깃발을 스스로 부러뜨렸다. 자유민주주의와 자유시장경제의 가치를 확신했기 때문이다.

사십 대에 들어 소박한 삶을 추구하며 국민에게 봉사하겠다는 뜻을 세우고 현실 정치에 뛰어들었다. 3번의 국회의원과 8년간의 최장수 경기도지사를 지내고, 경제사회노동위원장을 거쳐 대한민국 국무위원, 고용노동부 장관으로 일했다. 이처럼 긴 정치 여정을 끝낸 김문수는 여전히 청빈했고 보통 시민이었다.

그는 어떤 상황에서도 권력에 아부하거나 사익을 위해 어정쩡하게 살지 않았다. 상식과 양심, 자유와 윤리의 가치에 따라 행동했고, 자유민주주의와 자유시장경제 원칙을 지켰다. 그리고 대한민국의 미래를 위해, 국민들의 행복한 삶을 위해 끊임없이 공부하고 고민했다.

김문수는 겉과 속이 같은 정치인이다. 말과 행동이 다르지 않고 진정성이 있다. 그가 지나온 인생의 흔적이 그것을 증명한다. 김문수의 진정한 가치는 그가 지금까지 추구해왔던 자유민주주의와 자유시장경제에 대한 확고한 신념과 윤리 의식에 있다. 그가 주장하는 자유의 가치에는 힘이 있고 질서가 있다.

3번의 국회의원과 2번의 경기도지사를 지내는 동안 정치인 김문수가 남긴 흔적에는 윤리와 성과가 있다. 지역 경제를 일으킨 대형 프로젝트를 많이 진행했지만 부정부패 스캔들이 없었고 성과는 컸다.

 정치인에 대한 평가는 대체로 야박하다. 열 가지를 잘해도 한 가지를 잘못하면 그로 인해 잊힌다. 잊혔던 정치인이 다시 소환되기는 쉽지 않다. 낙인 효과가 그만큼 강렬하기 때문이다. 김문수도 그랬다. 그러나 김문수는 소환되었다. 그가 혼란한 정치 현장에서 주목을 받는 이유는 그동안 일관되게 지켜왔던 자유민주주의와 자유시장경제를 향한 신념과 열정 때문일 것이다.

 이 책은 젊은 시절 사회주의 운동에 투신했던 김문수가 자유주의자로 전향하여 현실 정치에서 보여 준 성과를 정리하고, 자유민주주의와 자유시장경제 가치를 확신하는 사람들과 공유하기 위한 결과물이다. 부족한 글이지만 인간 김문수의 진심과 정치인 김문수의 신념을 함께 나눌 수 있도록 노력했다.

김문수의 바람은 젊은이들과 소외된 이들도 양질의 직장에서 미래를 설계하며 사랑하는 사람과 결혼해서 편안하게 자녀를 낳고, 행복한 가정을 이루고 사는 나라를 만들기 위해 피와 땀과 눈물을 흘리는 것이다. 청년이 활기차게 움직이는 나라, 일터가 즐거운 나라, 생업에 웃음꽃이 피는 나라, 생동감 넘치는 대한민국을 꿈꾸는 김문수는 오늘도 쉼 없이 고민하고 행동한다.

2025년 4월

 차례

프롤로그 ……… 6

청춘
1. 스무 살까지 ……… 15
2. 군대를 못 갔다 ……… 22
3. 국가안보 ……… 30
4. 전설의 투사 ……… 35

사랑
5. 빵집에서 핀 사랑 ……… 45
6. 위장 결혼 ……… 53
7. 아내 설난영 ……… 57

고난
8. 결사 투쟁 ……… 65
9. 위수김동 ……… 70
10. 연옥의 고통 ……… 73
11. 다시 현장으로 ……… 77

정치
12. 새로운 시작 ……… 83
13. 의미있는 도전 ……… 88
14. 국회의원 김문수 ……… 93
15. 경기도지사 ……… 98
16. 최초의 재선 도지사 ……… 105

진심
17. 택시기사 김문수 ……… 115
18. 119 도지사 김문수 ……… 120
19. 청년 사랑 ……… 128
20. 퇴임 후 첫 일정 ……… 135
21. 인권평화상 ……… 140

광야
22. 낙선 ……… 147
23. 백수 김문수 ……… 153
24. 대통령 탄핵 ……… 159
25. 서울시장 출마 ……… 164
26. 광장에서 ……… 172
27. 국무위원, 고용노동부 장관 ……… 178

에필로그 ……… 184

김문수 이야기 ─ 청춘

청춘

1. 스무 살까지

북한 공산군이 '폭풍22'라는 암호명으로 1950년 6월 25일 새벽 4시, 선전포고 없이 38도선 전역에서 탱크를 앞세우고 침략했다. 무방비 상태에서 급습을 당한 국군은 후퇴를 거듭했고, 전쟁이 발발한 지 30여 일 만에 낙동강 이남을 제외한 전 국토가 공산 치하에 들어갔다.

대한민국의 운명은 공산화되기 직전의 풍전등화 상태가 됐고, 국군은 최후의 보루로 유엔군과 연합하여 낙동강 방어선을 구축했다. 작전명은 'Stand or Die!' 막거나 죽는다는 뜻으로 죽음으로 사수하자는 결의였다.

북한 공산군은 총공세를 펼쳤고, 연합군은 필사적으로 방어했다.

사력을 다한 연합군은 전력의 열세에도 불구하고 다부동 전투, 왜관지구 전투, 영천·신녕 전투, 창녕·영산 전투(낙동강 돌출부 전투), 마산 전투 등에서 방어선을 사수했다. 이에 당황한 북한 공산군은 1950년 9월 5일 경북 영천 지역 일대에서 총공세를 펼쳤다.

대한민국의 운명이 걸린 낙동강 방어선의 마지막 전투, 영천지구 대전투는 8일간 공방을 주고받는 치열한 전투 끝에 연합군이 극적으로 승리하면서 반격의 발판이 마련되었다. 이에 고무된 연합군은 1950년 9월 15일 새벽, 맥아더 장군이 지휘하는 인천상륙작전을 감행하고 전쟁의 승기를 잡았다.

그로부터 일 년 후, 전쟁이 한창이던 1951년 9월, 낙동강 방어선의 최후 보루였던 경북 영천시 임고면 황강리에서 경주김씨 집성촌을 이루고 14대째 유교 전통을 지키며 살고 있는 침체된 양반 집안에서 4남 3녀 중 여섯 번째이자 셋째아들로 김문수가 태어났다.

아버지는 본인과 가족의 안위보다 문중 일을 더 중시

하는 종손 아닌 종손으로 문중 일을 도맡아 하는 한결같이 부지런한 분으로, 경주김씨 신라 왕릉을 지키는 9급 공무원으로 시작해서 부면장을 지냈다.

직계 조상 중에는 임진왜란 때 의병장으로 두 개의 성을 탈환하고 경주성 탈환전투에서 전사한 분이 있었고, 일제 강점기 때는 을사오적을 강하게 추궁하다 고초를 치르면서 침체된 양반 집안이지만 유교사상의 핵심인 선비정신으로 자녀들을 교육했다.

아버지는 행동과 예절을 바르게 하고, 의리와 원칙을 지키고, 불의한 재물을 탐하지 않고, 어려운 사람을 외면하지 않는 선비의 인품을 교육하면서 형제간에 다투거나 거친 표현과 욕설을 하거나 거짓말을 하면 엄히 회초리를 들었다.

김문수는 나라가 궁핍한 시대에 성장했지만, 조상에게 물려받은 전답과 20여 칸쯤 되는 기와집이 있어서 큰 어려움 없는 어린 시절을 보냈다. 그러나 초등학교 4학년 때쯤 아버님이 문중 친척의 빚보증을 서준 일이 잘못되어 경제 사정이 급격히 어려워졌다.

그런 중에도 열심히 공부해서 대구에 있는 영남지방

경북중학교 입학식

의 명문, 경북중학교에 합격했다. 영천에서 대구로 유학을 하는 데는 부모님과 형제들의 양보와 도움이 컸는데, 특히 둘째 누나의 헌신이 컸다.

둘째 누나는 대구 경북여고에서도 공부를 잘하는 학생이었다. 하지만 남동생을 공부시키기 위해 전화국에 취직해서 대구로 유학 온 동생을 헌신적으로 돌봤다. 김문수는 지금도 둘째 누나를 생각하면 미안하고 감사한 마음뿐이라고 고백한다.

김문수는 문중의 기대를 받으며 1970년 1월, 대학입시를 치르기 위해 대구에서 기차를 타고 서울에 처음 왔다. 대한민국은 3선 개헌의 후유증으로 온 나라가 시끄러웠고, 일본은 아시아 국가로는 최초로 64도쿄올림픽을 치르고, 70오사카엑스포를 개최하면서 1인당 국민소득이 2만 달러를 넘어 선진국에 진입했다. 일본은 2차 세계대전 패전 후 25년 만에 선진국에 진입했지만, 우리는 휴전한 지 17년이나 지났는데도 1인당 국민소득이 겨우 254달러에 머물며 절대빈곤에서 벗어나려고 안간힘을 다하고 있었다.

1970년 3월, 김문수는 서울대학교에 입학하면서 서울 생활을 시작했다. 검정 고무신에 교복만 입고 다니는 촌놈이었지만, 새내기 대학생답게 용기를 내어 두어 번 미팅에 참여했다. 그러나 여자친구는 고사하고 여학생 앞에서 말 한마디 못하는 숙맥임을 확인하고 일찍 포기했다. 대신 주말이면 고교 동창들과 신촌역에서 기차를 타고 인근 명소를 찾아다니며 기타 반주에 맞추어 노래하고, 밤새워 토론하면서 미래를 꿈꾸는 행복한 학창 시절을 즐겼다.

그러나 새내기 대학생의 낭만은 오래가지 못했다.

"나라가 이렇게 혼란하고 어려운데, 출세나 하려고 대학에 왔습니까?"

열정적인 한 선배의 애국심을 자극하는 외침은 소년 시절에 품었던 애국하는 마음을 소환했다. 사실 김문수는 경북중학교 시절, 개교기념일 행사에 초대된 학교 선배이자 국회의장이던 분의 축사를 듣고 가슴 깊이 애국심을 심었다고 했다. 그날 이후, 사회문제에 관심을 가지게 되었고, 경북고 재학 시절에는 3선 개헌 반대 시위를 주도했다는 이유로 고3인데도 불구하고 무기정학을 받고 2주간 학교에 가지 못했었다.

 선공후사(先公後私, 공적인 일을 먼저 하고 사사로운 일은 뒤로 미룸)를 좌우명으로 삼은 김문수는 뜨겁게 불타는 애국심으로 서울대 학생운동 동아리 중 하나인 '후진국사회연구회'에 들어가 개인의 영달보다 민주화 투쟁에 앞장섰다.

2. 군대를 못 갔다

1971년 여름, 2학년 여름방학이 시작될 무렵이었다. 데모하느라 다하지 못한 과제를 보충하려고 도서관에서 공부를 하고 있는데 동아리 선배가 다른 학생 두 명과 함께 김문수를 불렀다.

"이번 여름방학엔 농활(농촌활동)이 아니라 공활(공장활동)을 하면 어떨까?"

강제징집되었다가 막 복학한 김근태 선배의 제안이었다.

그렇지 않아도 1970년 11월, 청계천 피복 노동자 전태일이 근로자의 기본권을 부르짖으며 분신자살한 사건

의 충격으로 깊이 고민하고 있던 터였다

"근로기준법을 준수하라! 우리는 기계가 아니다!"

"일요일은 쉬게 하라! 노동자를 혹사하지 말라!"

"내 죽음을 헛되이 하지 말라!"

전태일 열사의 외침을 새기며 기꺼이 선배의 제안을 받아들였다.

'서울대학생 입주 과외 구함'

김문수는 학교 곳곳에 붙어 있는 고액을 보장하는 알바 광고를 거들떠보지 않았다. 위장 취업이라는 용어 자체가 낯설 때, 대학생이란 신분을 속이고 구로동 미싱공장에 취업해서 여름방학 내내 공장 노동자들과 부대끼며 지내다 학교로 돌아왔다.

첫 번째 위장 취업이었다. 마음은 뿌듯했지만, 육체적으로는 지쳐서 학교로 돌아왔다.

개학하자 지친 상태에서 공부하고 시위하느라 무리했는지 열이 40도를 오르내리며 코피가 터지고, 복통과 구토로 식사를 할 수 없는 지경이 되었다. 의사의 진단은 장티푸스, 속된 말로 염병(染病)에 걸렸다.

어쩔 수 없이 고향으로 내려가 영천 읍내에 있는 병

군인들과 함께

원에 입원했다.

읍내의 병원에서 입원 치료를 받고 있던 중 날벼락 같은 보도를 접했다.
"서울대학교 김문수 제적"
3선 개헌 후, 1971년 4월에 치러진 제7대 대통령선거는 예상과 달리 접전이었고, 결과는 박정희 대통령이 김대중 후보를 90만 표 차이로 이기고 당선되었다.

대학가에서는 즉시 총체적 부정선거를 외치며 격렬하게 시위했다. 시위가 격앙되자 정부는 긴급 위수령을 발동하고 전국 주요 대학에 군대를 주둔시켰다. 그리고 후진국사회연구회 등 대학교 운동권 동아리를 강제로 해산시키면서 대학생 174명을 주동자로 지목하고 무더기로 제적시켰다.

이 명단에 서울대학교 2학년, 스무 살 김문수가 포함되었다.

날벼락 같은 소식을 들었지만 움직일 수가 없었다. 여전히 고열에 시달리며 고향에서 요양하고 있는데, 보안대 소속 군인들이 집으로 찾아와 제적통지서를 전달하면서 강제징집을 시도하려고 했다. 그러나 고열에 시달리는 장티푸스 환자를 강제로 연행하지 못하고 징집에 필요한 신체검사 통지서를 건네주고 갔다.

"문수야! 몸 상하지 않게 조심하고, 잘 다녀와라."
열이 내리자 눈물로 배웅하는 어머님을 뒤로 하고 강제징집에 응했다. 대구 국군통합병원에 자진 출두하자 사복 차림의 전담 보안대원이 기다리고 있었다.

강제징집자는 보안대원이 밀착 에스코트해서 신체검사를 받는 묘한 특별대우를 받았다. 내심 장티푸스 후유증을 걱정했지만, 보안대원 덕분에 줄을 서지 않고 남들보다 빠르게 신체검사를 진행했다.

"특별히 아픈 데는 없지?"
신체검사를 마칠 즈음 보안대원이 물었다.
"왼쪽 귀가 잘 안 들립니다."
"뭐라고? 이 새끼가 어디서 엄살이야!"
보안대원은 불같이 화를 내면서도 불안했는지 군의관에게 데리고 갔다.
"귓속을 수술한 적이 있나?"
이런저런 검사를 하던 군의관이 물었다.
"고등학교 1학년 때 중이염이 심해서 대구 동산병원

에서 수술을 했습니다. 그리고 최근에는 장티푸스를 심하게 앓았습니다."

군의관은 귓속을 한참이나 꼼꼼하게 들여다보더니 신체검사서에 도장을 찍어서 보안대원에게 건넸다.

"이거 뭐야?"

당황한 보안대원의 얼굴이 심하게 찌그러졌다.

"뭐예요?"

"이 새끼야! 징집면제란다."

강제징집으로 군대를 다녀온 복학생들은 하나같이 험한 부대에 배속되어 고생한 얘기를 늘어놨다. 뿐만 아니라 자대배치 후에도 관심사병으로 분리되어 힘든 군대생활을 했다고 이구동성으로 말했다. 그만큼 김문수의 징집면제는 뜻밖의 결과였다.

징집면제라는 결과에 얼떨떨한 심정으로 귀가했는데 오히려 집에서 난감한 상황이 벌어지고 있었다. 집성촌을 이루고 사는 시골 마을에서 배출한 서울대학생 김문수라는 이름을 모르는 사람이 고향에는 없었다. 그런데 뉴스마다 시위를 주도한 위험한 인물이라고 김문수를 보도하고, 서슬 퍼런 보안대원들이 시골 마을에 나타나서 강제징집을 한다고 한바탕 소란을 피우고 떠나자 빨갱이가 아니냐는 수군거림이 돌았다.

의병장을 배출하고 14대째 집성촌을 이루고 있는 양반 집안의 아들이 빨갱이 아니냐는 오해를 받으니 부모님은 억장이 무너졌다.

스무 살 김문수는 학교도 못 가고, 군대도 못 가고, 아무 데도 갈 수 없는 처지가 되어 하루하루 지쳐갔다. 그러던 어느 날, 시골에서 보기 드문 검정색 지프차가 나타나더니 아무런 설명도 없이 김문수를 차에 태웠다.

이들은 영천 읍내에서 차를 바꿔 태우고 대구 지역 보안사령부로 끌고 갔다. 그곳에는 경북고등학교 동기생이자 서울 상대에서 함께 제적당한 이영훈과 김재근이 끌려와 있었다.

누구도 끌려온 이유를 몰랐고, 그들도 끌고 온 이유를 설명하지 않았다.

얼마 후, 김문수의 신원을 재차 확인하더니 수갑을 채우고, 검은 천으로 눈을 가린 채, 차에 태워서 먼 곳으로 끌고 갔다. 도착한 곳은 간판 없는 보안사령부 서빙고 분실로 운동권에서는 빙고호텔로 불리는 악명 높은 곳이었다.

생각을 짜내도 왜 끌려왔는지 영문을 알 수 없었다.
빙고호텔에서는 구타나 고문은 없었지만 분위기만으로도 충분히 무서웠다. 더구나 전혀 모르는 내용을 물어보니 아무것도 대답하지 못했다. 그들도 답답했는지 몇 차례 윽박지르며 심문하더니 남산 중앙정보부로 보냈다.

남산에선 차가운 바닥에 무릎을 꿇리고 몇 차례 구타를 하면서 타도라는 유인물을 누가 만들고, 배포했는지를 취조했다. 그러나 김문수는 알 수 없는 일이라서 대답하지 못했고, 연루되지 않았음이 밝혀지자 차비를 주면서 돌아가라고 했다.

스무 살, 대학교 2학년이 겪은 국가 공권력은 치사하고 가혹했다.

3. 국가안보

젊은 시절 내내 군대에 가지 못한 서러움이 컸다. 김문수는 예비군들의 호기로운 군대 이야기에 끼지 못했고, 서슬 퍼런 보안대원들이 트라우마처럼 떠올랐다. 그리고 무엇보다 병역의무를 하지 못한 아쉬움과 죄송함으로 군대 이야기에는 침묵하며 살았다.

그래서일까?

김문수는 경기도지사로 재직하는 8년 동안 제복 입은 군인들의 의견을 존중하며 현역이라는 마음 자세로 민원과 안보를 챙겼다. 물론 제식훈련, 사격훈련, 유격훈련 등 군사기초훈련은 받지 못했지만, 경기안보협의회

의장 자격으로 대한민국의 안보를 수호하는 한미 군지휘관들을 수시로 만나 안보현장을 둘러보고 관련된 민원을 적극적으로 해결했다.

그도 그럴 것이 경기도 관내에는 군사시설이 생각보다 훨씬 많다. 북한과 대치하고 있는 서부전선과 공동경비구역(DMZ) 등 군사분계선이 지나는 경기도는 국방의 최전방으로 평소에도 포탄 소리가 들리는 지역이 있다. 또한 평택에 자리잡은 주한 미군기지, 캠프 험프리스를 필두로 오산 공군기지 등 주한 미군 시설의 대부분이 경기도에 집중되어 있고, 국군 전력의 60~70%가 경기도에 집중되어 있다고 해도 과언이 아니었다.

김문수는 '국가안보에 타협이란 없다'는 것을 뼈저리게 새겼다.

반드시 지켜야 하고, 지켜내야 하는 것이고, 어느 누구도 우리를 대신해서 끝까지 싸우고 지켜주지 않는다는 역사의 교훈을 새겼다. 재래식 무기로 핵폭탄을 대항하는 데는 한계가 있다. 북한의 핵도발은 핵과 관련된 방법으로 해결해야 하고, 중국과 북한의 눈치를 보느라 방어용 시설인 사드 배치를 반대해서는 절대 안 된다고

생각을 실천으로

강력하게 주장했다.

국가안보와 관련해서 파생되는 경제, 외교, 문화교류 등 주변국가와의 마찰은 풀어야 할 과제이지만, 국방은 주변국의 눈치를 보면서 타협해야 할 사안이 아니었다.

그렇다고 북한과의 관계를 긴장시키고자 하는 것도 더욱 아니었다. 북한이 한반도의 긴장을 유발하고 주도하려 든다면 우리가 굳건한 안보를 바탕으로 얼마든지 도발을 저지하고, 평화를 주도하며 공생하는 길을 제시할 수 있는 역량이 있다고 김문수는 확신했다.

"DMZ, 분단의 아픔을 새희망으로 만들겠습니다."

김문수는 도지사 시절, 민간인출입통제구역에 있는 미8군 군영, 캠프 그리브스(Camp Greaves)를 호스텔 및 안보체험시설로 재탄생시켰다.

전쟁으로 희생된 분들이 후손에게 선물처럼 남긴 DMZ(비무장지대)는 전쟁의 참화를 그대로 간직한 채 70여 년 동안 사람의 발길이 끊겨서 천혜의 자연지대로 치유됐다.

전쟁의 아픈 상처가 세계 평화를 상징하는 생태공원

으로 탄생하기를 기대하며 도지사로서 할 수 있는 지원을 아끼지 않았다.

4. 전설의 투사

진보정당의 상징적 여성 정치인 심상정 전 의원이 김문수를 평가했다.

"동지로 지내던 시절의 김문수는 전설이었다. 운동권의 황태자이자 하늘 같은 선배였다."

사실 1970~1980년대 김문수는 단순히 유명한 운동권 지도자가 아니라 전설이고 신화였다. 사회주의 혁명으로 노동자와 빈민 할 것 없이 모두가 잘사는 세상을 만들겠다는 신념으로 민주화운동과 노동 투쟁을 병행하면서 누구보다 치열하게 사회주의를 공부했다.

노동자를 위하는 마음과 민주화를 위한 투쟁은 진심이었고, 언제나 그들의 편에서 행동했다. 노동자들은 그를 신뢰했고, 민주투사들은 그를 따랐으며, 운동권 후배들은 존경과 흠모하는 마음으로 그를 대했다. 1970년대 중반까지 민주화 투쟁과 노동운동을 병행했고, 노동조합을 만들면서 1980년대 노동운동의 전설이자 신화가 됐다.

 김문수가 노동 투쟁에 뛰어든 1970년대 초반, 대한민국의 1인당 국민소득은 254달러였다. 전쟁의 포성이 멈춘 1953년, 1인당 국민소득 67달러로 출발한 대한민국은 1961년 5월 16일 군사 정변이 일어날 즈음엔 79달러로 지구촌에서 가장 가난한 나라였다. 농업 분야를 제외한 모든 경제 분야에서 북한이 남한을 크게 앞섰고, 경제 규모 또한 북한이 남한보다 상당한 우위에 있었다.

 박정희 대통령은 '잘 살아 보세. 우리도 한번 잘 살아 보세'를 외치며 공산당으로부터 나라를 지키고, 국민들을 절대빈곤에서 구하기 위해 1970년 7월 7일, 정적들의 반대를 극복하면서 경부고속도로를 개통했다. 그리고 경제개발 5개년 계획을 수립하고 실천해 나갔다.

김문수는 그 과정에서 희생을 강요당하고 있는 노동자의 권리와 인권을 위해 투쟁했다. 절대빈곤에서 벗어나 풍요로운 나라를 건설하고자 하는 같은 목표를 가졌지만, 방법과 방향이 극명하게 달랐다.

김문수는 경부고속도로 건설을 극렬하게 반대했고, 3선 개헌과 유신타도를 외치며 민주 투쟁의 선봉에 섰다. 위장 취업으로 노동현장을 체험하며 노동혁명가의 길을 가겠다고 결심하고, 치열하게 사회주의를 공부하고 노동자 의식개혁운동에 매진했다.

1973년, 뜻밖의 복교조치가 내려졌다.

함께 입학한 친구들은 어느덧 4학년이 되어 취업을 준비하고 있었고, 김문수는 노동혁명가로 활동하고 있던 터라 복교를 망설였다.

"문수야! 대학은 졸업하고 데모하면 안 되겠나?"

복교가 가능하다는 소식을 들은 어머님은 등록금을 마련해서 한걸음에 달려오셨다. 어머님 말씀에 순종해서 복교했지만, 다음 해인 1974년, 민청학련 사건에 연루되어 다시 수배되었다. 수배를 피해 도망 다닐 때 어머님은 위암으로 돌아가셨고, 두 번째 제적을 당했다. 어

투사 김문수

떤 변명으로도 불효였다.

두 번째 제적을 당한 후, 김문수는 노동자 의식개혁 운동과 민주화 투쟁에 더욱 매진했다. 취업에 필요한 환경관리기사 2급, 안전관리기사 2급, 보일러 기능사 등 국가기술자격증을 다수 취득하고 일할 곳을 찾았다.

때마침 회사 측의 탄압으로 노조가 와해된 한일공업주식회사에서 보일러공을 구했다. 보일러 기능사 자격증이 있는 김문수는 도루코 면도날과 AAA 지퍼를 생산하는 한일공업주식회사 공장의 보일러공 중 한 사람으로 취업했다.

공장 보일러공으로 취업하여 성실하게 일하면서 활발하게 노조활동을 한 김문수는 27살의 나이로 노사 모두가 지지하는 전국금속노동조합 소속의 한일도루코 노조위원장에 선출됐다.

금속노조 남서울지부장으로 활동하던 1979년 10월 26일, 세상이 뒤집혔다.

박정희 대통령이 시해되고, 그해 12월 12일 이후, 전두환 장군이 이끄는 소위 하나회라는 육군 내 사조직이 주도하는 신군부 세력이 국가권력을 장악했다. 국가보위비상대책위원회(국보위)가 창설되면서 전두환 장군을 상임위원장으로 선출하고 정권을 장악하자 대한민국은 혼란에 빠졌다.

1980년 4월, 사북 탄광노동자의 총파업이 있었다. 5월이 시작되면서 전국에서 대학생들의 대규모 시위가 벌어지고, 국보위는 5월 17일을 기해 전국으로 비상계엄령을 확대했다. 그리고 다음 날, 광주에서 5·18 민주화운동이 일어났다.

김영삼 총재는 가택 연금되고, 김대중 의장은 내란음모죄로 사형을 선고받았다.

1980년 9월, 전두환 대통령이 취임했다. 이렇게 5공화국이 시작되자 노총에서 김문수를 긴급하게 찾았다. 당장 노조지부장 자리에서 사퇴하지 않으면 삼청교육대에 끌려가야 한다고 지부장 사퇴를 종용했다. 어찌겠는가? 지부장뿐만 아니라 노조와 관련된 모든 직책에서 사퇴했다. 평사원으로 돌아와서 회사생활을 하고 있는데, 이번엔 회사에서 일방적으로 해고통지를 했다.

명백한 부당해고였지만 달리 투쟁방법이 없던 전두

환의 5공 시절이었다.

신군부가 발표한 183명의 노동계 정화대상자 명단에 남서울지부 청년부장 김문수와 여성부장 설난영이 포함되었다. 김문수는 노조지부장을 사퇴하고 회사에서 해고되었지만, 요주의 인물로 지목되어 붙잡히면 삼청교육대에 끌려가는 수배자 아닌 수배자가 되었다. 이십 대가 지나고 서른 살이 되는 해였다.

김문수 이야기 ── 사랑

사랑

5. 빵집에서 핀 사랑

서른 살이 되었다.

김문수의 대학 동기들은 대부분 졸업했고, 좋은 직장에 다니면서 결혼해서 가정을 이루어 살고 있었다. 예전처럼 불쑥 나타나서 신세 지기가 난처했지만 마땅히 도망 다닐 곳이 없으니 정말 미안해도 어쩔 수 없이 친구 집을 전전했다. 다행히 친구들은 불쑥 찾아가도 따뜻하게 대해 주었다. 하지만 수배자를 숨겨주다 친구들이 피해를 입을까 걱정스런 마음에 김문수는 하루 이상 신세를 질 수가 없었다.

서슬 퍼런 5공화국 시절이었다. 김문수는 친구 집에

숨어 있다가 발길을 돌릴 때면 수배자의 절박한 처지가 서러워서 몰래 울기도 했지만, 후회는 하지 않았다. 가난하고 소외된 사람들도 잘 살 수 있는 세상을 만들겠다고 투쟁현장에 뛰어든 선택에는 신념이 가득했지만 현실에서는 갈 곳이 없었다.

아무리 생각해도 더 이상 숨을 곳이 생각나지 않았다.
'오늘 밤엔 갈 곳이 없는데 어쩌지?'
그래도 숨어야 했기에 생각하고 또 생각해서 마지막으로 찾아간 곳이 마포구에 있는 작은 빵집이었다.
이곳은 노동계 정화대상자 183명 중의 한 사람으로 김문수와 함께 남서울지부에서 여성부장으로 활동하던 세진전자의 설난영 노조위원장 동생이 운영하고 있는 빵집이었다. 소문으로는 설난영 위원장도 노조위원장직에서 강퇴당했고, 일반사원으로 근무하면서 퇴근 후에는 동생이 운영하는 빵집 일을 도우며 함께 산다고 했다.

김문수가 설난영 위원장을 처음 만난 것은 금속노조 남서울지부 청년부장으로 활동하면서 노조위원장들을 상대로 노동법을 강의하고 다닐 때였다. 설난영은 세진전자 노조위원장으로 남서울지부 여성부장이었다.

노조위원장들은 대부분 40~50대인데, 두 사람만 20대로 매주 열리는 회의에서 자연스럽게 얼굴을 익혔고, 가끔 노조활동도 같이 했다. 그러면서 자연스럽게 관심을 가지고 지켜봤는데, 자립심이 강하고 소박해서 남자를 힘들게 할 여성이 아니라는 생각을 했다.

생각이 깊어지자 설난영과 결혼하면 이상을 실현하는 데 도움이 되겠다는 확신이 섰다.

"저, 설 분회장! 시집갈 데 없으면 나한테 와요."

김문수는 호시탐탐 기회를 엿보다가 1979년 12월, 송년회를 마치고 찻집에서 프로포즈를 했다.

"전 결혼할 생각이 없어요. 노조 일을 하면서 결혼생활은 힘들지 않겠어요?"

용기를 냈지만 숙맥 같은 고백에 설난영은 담담하게 잘라 말했다. 하기야 어느 남자가 이런 식으로 프로포즈를 하겠는가? 김문수는 분위기를 잡고 몇 차례 더 시도했지만 그때마다 번번이 거절당했다.

그 후, 어정쩡한 관계로 지내다가 수배자가 되면서 연락이 끊어졌는데 빵집 문을 닫는 시간에 김문수가 불

동반자

쑥 나타난 것이다.

"그동안 어떻게 지내셨어요?"

설난영이 먼저 입을 열었다.

"친구 집을 전전하면서 지냈는데 더 이상은 미안해서 못하겠습니다."

"고생이 많으시네요."

"면목 없지만, 오늘 밤은 마땅히 지낼 곳이 없는데 신세 좀 질 수 있을까요?"

무례하기 짝이 없는 요청인 줄 알았지만 김문수는 정말 더는 갈 곳이 생각나지 않았다. 그래도 그렇지 빵집에 딸린 자그마한 집에서 동생과 함께 지낸다는데, 한밤중에 수배 중인 사내의 느닷없는 방문은 말이 되지 않았다. 사귀는 사이도 아닌데…….

"불편하시겠지만, 맘 편히 지내세요."

김문수는 절박한 마음에 주절주절 설득하려는데 설난영이 먼저 답을 했다.

그날 이후, 김문수는 설난영의 도움으로 빵집에 딸린 자그마한 집에서 숨어 지냈다.

1981년 1월, 비상계엄령이 해제되면서 수배도 풀렸다. 그 사이에 문수와 난영, 두 청춘은 결혼을 약속한 연인이 되었다.

설난영은 4남 3녀, 7남매 중 셋째로 전라남도 고흥에서 태어나 순천에서 성장했다. 김문수는 경상북도 영천에서 태어나 대구에서 공부했으니 서로 다른 사투리를 쓰는 영·호남의 만남이었다.

교사였던 설난영의 부친은 음악을 즐기고, 글쓰기를 좋아하는 감성적인 분이었고, 돌아가신 모친은 품성이 곱고 여유로운 분으로 설난영은 안정적이고 자유로운 가정에서 화목하게 자랐다.

그러나 사춘기 시절, 입시준비로 예민하던 순천여고 2학년 때 모친이 위암 판정을 받았다. 암 판정은 곧 죽음이라고 인식되던 시절에 시한부 판정을 받고 5개월가량 투병하다 돌아가셨다.

어머니의 갑작스러운 죽음은 열여덟 살 설난영에게 큰 충격으로 마음을 잡지 못하고 대학입시에 실패했다. 문학도를 꿈꾸며 목표한 대학과 학과가 있는 서울로 상경해서 친척집에 머물면서 재수를 했지만 원하는 대학

진학에 또 실패했다. 크게 낙심하고, 장래에 대해 고민하던 중에 친구의 권유와 호기심으로 시작한 직장생활이 그의 진로를 통째로 바꿨다.

세진전자에 입사한 후, 활달하고 주변과 융화를 잘하는 성격의 설난영은 이십 대의 어린 나이에도 불구하고, 주변의 권유와 강권으로 조합원 1,000여 명이 넘는 세진전자의 노조위원장이 됐다.

김문수는 결혼승낙을 받기 위해 설난영의 부친을 찾아뵈었지만, 신랑감의 처지가 딱하고 난감했다. 대학에선 제적당했고, 직장에선 해고당했고, 집도 절도 없는 백수에, 노동투사 민주투사라고 국가로부터 감시받는 요주의 인물로 낙인찍힌 청년이 신랑감의 현실이었다.

"결혼하면 어떻게 살 건가?"

예비 장인의 질문이었다.

"저는 만인을 위해 살고자 결심했습니다."

동문서답을 했다.

"그게 아니라, 우리 딸을 어떻게 먹여 살릴 거냐고?"

"만인을 위해 살겠다는 사람이 가족 간수 하나 못하겠습니까?"

어이가 없으셨는지, 솔직한 성격이 맘에 들었는지 더는 묻지 않으시고 결혼을 승낙하셨다.

6. 위장 결혼

 아버님이 돌아가신 후로 작은아버님이 김문수 집안의 큰 어른이 되셨다. 김문수가 고향에 내려가서 설난영과의 결혼을 작은아버님께 말씀드렸더니 뜻밖에 강하게 반대하셨다.
 "경상도에는 좋은 신붓감이 없어서 전라도 여자하고 결혼하냐?"
 반대하는 주된 이유였다.
 하기야 옛 어른들의 입장에선 신라 총각과 백제 처녀의 결혼이 낯설 수 있었다.
 "작은아버님! 사람은 출신 지역이 중요한 것이 아니

결혼식

라 품성이 중요합니다."

김문수가 단호하게 말씀드린 후 설난영의 성품을 설명하고 설득하니 결국 반대하시던 작은어버님도 흔쾌히 승낙하셨다.

예상되는 하객들이 대부분 잘 아는 노조원과 현장 노동자들이라 청첩장은 따로 만들지 않았고, 서울 관악구 봉천동의 한 교회에서 1981년 9월 26일 결혼한다고 친분 있는 분들에게 구두로 알렸다. 노조원들 사이에 김문수 노조위원장과 설난영 노조위원장이 결혼한다는 소문이 퍼지자, 경찰 정보과에선 김문수와 설난영이 위장 결혼을 한다고 비상이 걸렸다.

노동 투쟁의 선봉에 있는 두 노조위원장이 위장 결혼으로 세력을 집결시켜서 모종의 투쟁을 할 거라고 의심하고, 다섯 대의 데모 진압용 철망차와 대규모 경찰을 출동시켰다. 경찰 정보과의 잘못된 첩보로 위장 결혼으로 둔갑한 김문수와 설난영의 결혼식은 하객보다 예식장을 에워싼 경찰병력이 더 많았다.

경찰병력이 하객보다 많은 야릇한 결혼식은 턱시도와 웨딩드레스를 대신해서 평상복 원피스와 정장 차림으로 신랑 신부가 손을 잡고 입장하면서 시작되었다. 그리고 두 사람은 부부인 동시에 영원한 동지가 됐다.

결혼 이듬해에 딸이 태어났다.
아들이면 동지라고 이름 짓고, 딸이면 동주라고 하기로 했는데 동주가 태어났다.
'김동주!'
세상에서 하나뿐인 딸의 이름이다.

7. 아내 설난영

사람들 앞에 나서기를 조심하는 김문수의 아내 설난영은 대중에게 소개될 기회가 많지 않았다. 결혼하고 30년이 지난 2012년 8월, 좋은이웃집에서 발행하는 경제평론지인 『경제풍월』에 김문수의 아내에 대한 기사가 실렸다.

'사진기도 거짓말을 한다'는 속설을 실감해야 했다. 사진발이 안 받아도 너무 안 받는 '특이한' 케이스였다.

매스컴으로만 그녀를 본 사람들이라면 열에 아홉은 '좀 드세 보이네'라는 인상을 받을지도 모른다. 얼굴 윤곽이 뚜렷한 까닭이다. 하지만 마주 앉자마자 그녀에게 낯선 사람을 끌어들이는 묘한 흡인력이 있어 보인다는 걸 금세 느낄 수 있을 것이다.

그녀는 누구를 만나도 차이를 두지 않고 한결같은 대접을 하는 스타일이다.

문득 언젠가 신문에서 본 '조선시대 궁중 미녀도'라는 그림이 떠올랐다. 음전하면서도 기품이 서린 궁중 여인의 모습과 설난영의 모습이 겹쳐졌다.

귀걸이, 목걸이나 심지어 반지 같은 것도 끼지 않았다. 상의 칼라에 자그마한 새 모양의 브로치를 단 게 '모양내는' 전부였다. '진정성, 진솔함, 소박함, 따스함' 이런 온갖 좋은 이미지의 단어들이 그녀를 받쳐주는 액세서리로 느껴졌다. 아주 실용적이고 살림꾼 스타일로, 알뜰하게 삶을 살아온 이 땅의 수많은 주부들과 꼭 같은 모습이다.

남편이 그 정도로 '출세'한 부인들을 꽤 많이 만나왔지만 설난영 씨만큼 일관되게 '정직한 겸손'을 보여주는 사람은 처음 봤다. 그러기가 쉽지 않다. 평생 살아온 대로의 '인품'이 고스란히 보인다고나 할까?

아무튼 '사진'으로만 봤던 때와는 180도 다른 품격 있는 그녀의 모습에서 참으로 오랜만에 진정한 '귀부인'을 만났다는 인상을 받았다. '힘 있는 정치인'의 안사람쯤 되면 으레 있을 법한 '자의식 과잉' 같은 걸 전혀 찾아볼 수 없었다.

설난영이라는 여성에게서 느껴지는 가장 강렬한 이미지는 '헌신과 봉사'다. 어떤 사람이 오더라도 그가 어려움을 겪고 있으면 그녀는 그 사람의 말을 다 들어주고 도울 수 있는 범위 내에선 전심전력으로 도와준다. 상대방의 말을 다소곳이 들어주는 '경청(敬聽) 스타일'도 설난영의 특장점이라고 할 수 있다.

요즘처럼 바쁜 세상에 어느 누가 상대방의 별 '영양가 없는 이야기'를 들어주겠나. 하지만 그녀는 '경청하는

가족

자세' 하나로 이날 이때껏 주위 사람들을 보살펴 온 듯하다. 진정성이 느껴진다.

『경제풍월』 8월호에서 요약

김문수 이야기 ― 고난

고난

8. 결사 투쟁

대한민국은 86아시안게임을 성공적으로 개최하고, 88서울올림픽을 준비하면서 경제적으로 급성장했다. 1985년 1인당 국민소득은 2,300달러를 넘었고, 88서울올림픽 이후 5,000달러를 예상하면서 질주했다. 하지만 노동자에 대한 처우는 후순위에 밀려서 개선되지 않았고, 민주주의는 후퇴했다.

김문수는 노동운동은 부분 투쟁이 아니라 사회 전반의 변혁운동이 되어야 한다는 신념으로 군사독재 반대 투쟁을 주요 활동목표로 하는 서노련(서울노동운동연합)을 출범시키고, 지도위원으로 활동하면서 서노련 신문을 만들어 민주화와 직선제 개헌 투쟁에 앞장섰다.

1986년 5월 3일, 인천에서 열리는 신민당 개헌추진위원회 현판식에 학생, 노동자, 재야인사 등 모든 민주화운동세력이 총집결해서 직선제 개헌과 전두환 정권 퇴진을 요구하는 연대 투쟁에 앞장섰다. 전두환 정권은 긴장했고, 경찰 수뇌부는 시위를 좌경폭동세력에 의한 난동으로 규정하고 대대적인 구속과 수배령을 내렸다.

연대 투쟁 사흘 후, 5월 6일 늦은 밤에 서울 잠실 1단지 주공아파트 125동 5층에서 서노련 간부들의 비밀회합이 열렸다. 미행을 염려해서 한 사람씩 시차를 두고 은밀하게 모이고 있었다. 하지만 무슨 사정이 생겼는지 약속 시간에 늦은 사람이 있어 긴장을 늦추지 못하고 있는데 문밖이 소란해졌다. 회합장소가 노출된 것이다.

사복 차림의 상고머리 보안대원들이 망치와 드릴로 아파트 문을 따고, 동시에 체포조가 옥상에서 줄을 타고 내려와 베란다를 통해 순식간에 아파트 안으로 진입했다.

"야! 너희들 뭐야?"

"이 새끼들 다 체포해!"

"영장을 제시하라고!"

저항하는 거센소리와 격렬하게 치고받는 소리가 심야의 아파트 단지를 깨웠다. 상황은 오래가지 않았다. 맨발에 수갑을 찬 20~30대 청년들이 경찰이 에워싸고 있는 아파트 주차장으로 끌려 나왔다. 남자 셋, 여자 둘, 이들은 김문수와 함께 활동하는 서노련 핵심 간부들이었다.

"군사독재 타도! 군부독재 타도!"

김문수는 개 패듯 때리는 보안대원의 매를 맞으면서도 목이 터지도록 군부독재 타도를 외쳤다.

'제발 잡히지 말고 도망가라!'

약속 시간에 늦어서 화를 피한 심상정에게 피하라는 신호를 보낸 것이다.

그날 밤, 김문수는 남영동 경찰 보안분실에 끌려가서 얼마나 맞았는지 '이대로 죽겠구나'를 생각하면서 실신했다. 다음 날이 되자 본격적으로 고문이 시작되었는데, 서노련 지도위원 김문수가 가장 심하게 당했다. 그를 완전히 발가벗겨서 철제의자에 묶은 다음, 전기고문, 고춧가루물 먹이기, 몽둥이찜질, 통닭구이 등을 번갈아 하면서 국가전복을 기도했다는 자백을 강요했다.

양심수 석방 투쟁

또 얼굴 없는 시인 박노해와 여전사 심상정의 행방을 집요하게 추궁했지만, 김문수는 피오줌을 싸고 병원에 실려 가면서도 입을 열지 않았다. 다만 이런 고문을 당하고도 살아 있다는 게 신기할 따름이었다.

김문수는 국가보안법위반으로 구속 기소되어 서울구치소에 수감됐다.

1심에서 4년형을 선고받고, 항소와 상고를 거쳐 3년형이 확정되자 죄수 번호 1125가 이름이 됐다. 서울구치소를 떠나 안양, 목포, 광주 교도소를 전전하면서 죄수 번호 1125가 감옥생활을 하는 동안, 감옥 밖에서는 많은 변화가 있었다.

6월 민주항쟁으로 6·29 선언을 이끌어냈고, 국민이 투표로 대통령을 뽑는 대통령 직선제가 관철됐다. 이와는 별개로 88서울올림픽을 성공적으로 개최한 대한민국은 1인당 국민소득 5,000달러 시대를 열었다.

1988년 10월, 김문수는 개천절 특사로 잔여 형기를 6개월 남기고 2년 6개월의 감옥생활을 마치고 출소했다.

9. 위수김동

 김문수가 감옥에 갇혀 있는 동안 운동권에 지각변동이 생겼다.
 마르크스-레닌주의를 혁명 투쟁 이념으로 하는 민중민주파(PD, People's Democracy)와는 달리 민족해방민중민주주의혁명(NLPDR)을 기본노선으로 반미자주화, 반파쇼민주화, 조국통일을 주장하는 민족해방파(NL, National Liberation)에 뿌리를 두고 북한의 김일성 주체사상을 단일 지도 이념으로 하는 주체사상파(일명 주사파)가 결성됐다.
 특히 학생운동권의 주사파는 종북 세력으로 대학별

로 자민투(반미자주화 반파쇼민주화투쟁위원회)를 결성해서 민족해방민중민주주의혁명(NLPDR)을 퍼트리고, 대중적으로 반미 투쟁을 선동하면서 순식간에 학생운동의 주도권을 장악했다.

1986년부터 주사파는 전국 주요 대학을 대상으로 자민투를 앞세워 합법적인 학생조직인 학생회를 장악하고, 일반학생들을 주사파가 주도하는 혁명 투쟁에 동원하는 데 성공하면서 학생운동권을 장악했다.

이에 고무된 주사파는 1986년 8월항쟁 이후, 주요 대학교의 학생회를 앞세워 전대협(전국대학생대표자협의회)을 결성하고 막강한 군중 동원력을 가진 조직이 됐다. 전대협 1기 의장에는 고려대학교 총학생회장 이인영이 선출되고, 2기 의장에는 연세대 오영식 그리고 3기 의장에는 한양대 임종석이 선출되면서 종북 성향이 점점 더 강화됐다.

김문수는 뜻하지 않게 주요 감옥을 전전하던 2년 6개월 동안 데모하다 잡혀 온 주사파 학생들과 지내는 일이 많았다. 그들에게 김문수는 운동권의 전설이자, 하늘같은 선배여서 잘 따랐지만, 깊은 대화는 되지 않았다.

"선배님, 위수김동!"

한 번에 수십, 수백 명씩 대학생들이 잡혀 와서 인사처럼 구호를 외쳤다. 위수김동은 위대하신 수령님 김일성 동지라는 뜻으로 김일성주의라는 악성 이념에 집단으로 중독된 중증환자들처럼 보였다.

마르크스-레닌주의 등 사회주의에 대한 이해는 부족했고, 김일성 주체사상을 따라 상부에서 지시하는 노선에 복종하고 행동하는 이들은 투쟁목적이 더 좋은 세상을 만들겠다는 기존의 운동권과는 생각이 달라서 상식적인 토론이 불가능했다.

세간에선 운동권 사람들을 싸잡아서 빨갱이라고 부르지만, 감옥에서 만난 주사파는 완전히 결이 다른 빨갱이였다.

10. 연옥의 고통

김문수가 사회주의 이념과 노동 투쟁을 통해 현실을 타파하겠다고 뛰어다니던 시절, 그렇게 생각해서는 안 된다고 안타까워하셨던 스승, 안병직 교수의 사상적 변화는 옳았다.

1989년 11월 9일, 베를린 장벽이 붕괴되고, 1991년 12월, 사회주의 이념으로 건국된 소련이 건국 69주년을 4일 앞두고 해체되면서 사회주의를 추종했던 동구권 공산국가들이 도미노처럼 무너지고 냉전시대가 막을 내렸다.

냉전체제가 붕괴되면서 그동안 감춰졌던 사회주의와

민중당의 실패

공산주의의 치부와 민낯이 적나라하게 드러나자 김문수는 젊은 시절 마음 가득 품었던 사회주의 개혁을 통한 꿈과 신념이 허무한 잔상만 남기고 무참히 깨졌다.

'역사란 무엇인가?'

'인간의 본성은 변화할 수 있는가?'

김문수의 투쟁은 누군가의 지령으로 움직인 것이 아니었으니 스스로 길을 찾아야 했다. 처음부터 다시 공부했다. 혁명의 길을 함께 걸었던 동지들과 치열하게 토론하고, 각종 이념서적과 역사서를 다시 읽었다.

마르크스-레닌주의 이념과 주장은 허구고, 허상이었다는 결론에 이르자 사회주의 혁명을 통해 노동자와 빈민 할 것 없이 모두가 잘사는 공정한 세상을 만들겠다던 김문수의 신념이 흔들렸다.

김문수가 치열하게 갈등하고 고뇌하는 시간을 통과하고 있을 때, 장기표 선배로부터 연락이 왔다. 그는 직선제 개헌 투쟁으로 감옥생활을 하다가 석방되어 1989년 1월, 대한민국 민족·민주 세력의 전국적 통합조직인 전국민족민주운동연합(전민련)의 사무처장을 맡고 있었다.

전민련은 6월항쟁으로 대통령 직선제 개헌에는 성공했지만, 민주 세력을 이끄는 김영삼, 김대중 이른바 양김 후보의 분열로 대선에서 노태우 후보에게 패하고 민주화의 기회를 놓쳤다.

장기표 선배는 민주화와 민중운동의 발전을 위해서는 국민에게 희망이 되고, YS와 DJ로부터 자유로운 새로운 정당이 필요하다는 주장을 펼쳤고, 김근태 선배는 시기상조라는 신중론을 펼치면서 의견이 충돌했다. 결국 장기표 선배는 전민련을 탈퇴하고, 1990년 11월, 백기완과 이우재를 공동대표로 조직위원장 장기표, 대변인 이재오, 노동위원장 김문수 등을 발기인으로 민중당을 창당했다.

막내 김문수는 지역구에 출마하지 않았고, 민중당은 세간의 기대와는 다르게 1992년 3월에 치러진 14대 총선에서 한 석도 얻지 못했을 뿐만 아니라 정당 존립에 필요한 지지마저 받지 못해서 해산됐다.

11. 다시 현장으로

　김문수가 민중당의 처참한 총선 참패의 충격으로 현실 정치의 쓴맛을 보고 자숙하고 있을 때, 후배 권인숙으로부터 연락이 왔다.

　그녀는 김문수가 아끼는 운동권 후배이자 노동현장에서 함께 고생한 동지로 부천경찰서 성고문 사건의 당사자다. 권인숙은 국가를 상대로 한 손해배상 청구소송으로 받은 배상금 4,700만 원을 종잣돈으로 하여 홍성우 인권변호사를 이사장으로 모시고 노동자를 위한 상담과 교육사업을 목적으로 노동인권회관을 설립하여 운영하고 있었다.

노동 현장에 다시 서다

연락의 요지는 미국으로 유학을 가게 되었으니 회관 운영을 맡아달라는 요청이었다.

김문수는 총선 이후 진로를 정하지 않은 상태였다. 노동자들에게 도움을 주는 일이라 판단해서 제안을 수락하긴 했지만, 수익구조가 뒷받침되지 않는 노동인권회관의 운영은 만만하지 않았다. 어려운 여건에서 회관을 운영해 온 권인숙의 노고에 감탄하고 있을 즈음 김영삼 대통령의 문민정부가 출범하고, 노동부 장관에 이인제가 발탁됐다.

이인제 장관은 파업이 빈번한 현대자동차 노사관계를 주목하고, 노동연구원에 진단을 지시했다. 노동연구원은 장관의 지시에 따라 현대자동차 노사관계 진단 프로젝트팀을 구성하고 충남대 이원덕 교수에게 총괄을 맡겼다.

이원덕 교수는 중·고·대학교를 김문수와 함께 다닌 동창이자 위장 취업 경력까지 있는 가까운 친구였다. 그런 그가 도움을 청했다.

"문수야! 너는 노동자로 현장 경험이 있고, 노조위원

장으로 회사 측과 협상 경험도 있으니 진단 프로젝트팀에 꼭 참여해주라."

거절할 수 없는 사이인 데다 노사문제를 해결하는 일이라서 김문수는 프로젝트팀장을 맡았다.

노동인권회관을 운영하면서 현대자동차 노사관계일로 서울과 울산을 오가면서 분주하게 지내던 어느 날, 여권의 유력 정치인으로부터 만나자는 연락을 받았다.

김문수 이야기 — 정치

정치

12. 새로운 시작

땅이 끝나는 곳에서 바다가 시작되고
바다가 끝나는 곳에서 땅이 시작됩니다.
언제 어디서건 끝이 아니라 늘 새로운 시작입니다.
-조정민-

김문수는 민주자유당(민자당) 여의도 당사에서 강삼재 기획조정실장과 문정수 사무총장을 만났다.

"아시는 바와 같이 YS의 문민정부는 여러 가지 개혁을 추진하고 있습니다. 앞으로 재야의 요구까지 반영하는 개혁을 할 겁니다."

김영삼 대통령과 함께

YS 문민정부로부터 문민개혁에 동참해 달라는 제안을 받았다.

"고민해보겠습니다."

YS의 문민정부가 들어서면서 재야인사들의 행보도 참여를 통한 현실 개조론으로 변해갔다. 한완상은 통일부총리로, 김정남은 청와대 수석으로 참여했고, 손학규는 민자당 후보로 보궐선거에 출마해서 국회의원에 당선됐다.

김문수는 스승 안병직 교수를 찾아갔다.

"선생님! 어떻게 생각하십니까?"

"자네도 이제는 자신이 생각하는 정치개혁, 더 나은 사회구현을 위해 정치판에 나설 때가 되었다고 생각하네."

선생님은 이런 날이 오기를 기다렸다는 듯이 말씀하셨다.

"우리가 한때 꿈꿨던 만인의 행복과 만민의 평등은 좋은 이상이지만, 인간의 본성에 부합하지 않는 유토피아 추구가 얼마나 비참한 결과를 초래했는지 현실을 통해서 봤으니 이제 우리가 가슴에 품었던 휴머니즘을 현실정치에서 찾아보게."

생각을 정리하고 집으로 간 김문수는 밤늦은 시간에 서점 문을 닫고 돌아온 아내에게 말을 건넸다.

아내는 남편이 감옥에 있을 때 생계를 꾸리기 위해 봉천동에서 대학서점을 시작했는데, 출소 후에도 지속하며 생계를 책임지고 있었다. 최근엔 서울대입구역이 생기면서 서점 운영이 나아졌다고 좋아했다.

"오늘 민자당 사람을 만났어."

"무슨 일로요?"

"입당해서 부천시 오정구를 맡아 달라고 하는데, 그 지역은 아닌 것 같아서 거절하고 왔어."

부천시 오정구는 대학 동창이자 민주화운동을 함께 했던 원혜영이 DJ의 민주당 소속으로 당선되어 국회의원으로 활동하고 있었다.

"당신이 민자당에 입당해서 정치를 한다고요?"

아내가 놀랐는지 눈이 커졌다.

"반대입니다."

아내는 한결같이 소외된 사람들 편에서 살아온 남편이 정치판에서 순수함을 지키지 못하고 상처받을 것을 염려했다. 김문수는 아내의 대답이 워낙 단호해서 더 이상 언급하지 않았다.

며칠 후, 김문수는 아내에게 다시 말을 건넸다.
"오늘 민자당 인사를 만났는데, 부천 소사구는 어떻냐고 하네."
조심스럽게 운을 떼자 남편의 결심을 읽은 아내는 더 이상 반대하지 않았다.

13. 의미 있는 도전

 1994년 3월 8일, 김문수는 민주자유당(민자당) 부천시 소사구 위원장으로 내정되었다.
 "민주화를 시작하는 마음으로 21세기를 열고자 합니다."
 장기표와 김근태의 뒤를 잇는 재야운동권의 차세대 리더이자 노동운동계의 얼굴로 주목받던 김문수가 신한국당 경기도 부천시 소사구 위원장으로 내정되자 찬반 논란으로 시끄러웠다. 뜨거운 가슴으로 불의에 울분한 노동운동가이자 진보주의자였고, 5공 군부세력에 맞서 온몸으로 저항하던 민주투사 김문수가 제도권 정치에 뛰어들었지만 성공은 미지수였다.

연고가 없는 경기도 부천 소사구는 호남 출신 유권자가 많고, 전통적으로 야성이 강한 야당의 초강세 지역이었다. 뿐만 아니라 경쟁상대는 김대중의 측근이자 입으로 유명세를 타고 있는 새정치국민회의(국민회의)의 초선 의원 박지원 후보와 소사 지역의 터줏대감으로 소사에서 재선에 성공한 자유민주연합(자민련)의 박규식 의원이었다.

두 사람은 현직 국회의원으로 선거 경험과 조직 그리고 자금 등 모든 면에서 크게 열세인 정치 초년병 김문수로서는 버거운 싸움처럼 보였다. 하지만 언론에선 김문수의 도전을 15대 총선의 최대 빅매치로 주목했다.

정치신인 김문수는 정치행보에 앞서 지역민원을 꼼꼼히 살폈다.

1974년 8월 15일, 육영수 여사가 시해당하던 광복절에 개통된 대한민국 최초의 광역전철이 통과하는 부천시의 시급한 민원은 대중교통이었다. 지하철 1호선과 연결되는 광역전철로 서울과 인천 지역으로 출퇴근하는

김문수는 다릅니다

시민들은 20년 된 노후 차량과 늘어나는 인구로 인해 말 그대로 지옥철을 견디고 있었다. 생존을 위한 승차가 아니라면 피하고 싶은 출퇴근길 경인전철은 매일매일이 지옥이었지만 다른 대안조차 없었다.

'임신한 직장 여성이 지옥철을 타고 출퇴근하는 상황을 어떻게 해결하지?'

김문수의 생각이 여기에 미치자 딱 한 번만이라도 좋으니 출퇴근 시간에 부천에서 구로역까지 전철을 타보자고 주무 장관은 물론 경인 지역 국회의원들과 고위공직자들에게 공개 요청했다.

"지옥철, 대통령도 타봅시다!"

정치신인이 겁 없이 소속정당의 대통령을 지역선거에 끌어들였다. 선거용이 아니라 진심이었다.

선거벽보 상단에 큼지막하게 "김문수는 다릅니다"라고 쓰고 유권자들에게 다가갔다. 천성적으로 성실하고 정직한 김문수는 기존 정치인과 구별되는 정치인이 되고 싶었다.

그러다 보니 김문수 후보는 정직과 성실의 가치를 높게 평가하는 유권자들에게 인기가 있었지만, 정치평론

가와 언론에선 말 잘하고 친화력이 좋은 박지원 후보의 우세를 예상했다. 선거 결과, 김문수 후보(39.19%)가 박지원 후보(37.25%)를 1.94%(1,660표) 근소한 차이로 이기고 극적으로 당선됐다.

언론에선 전통적으로 야성이 강하고, 호남 출신 유권자가 다수인 선거구에서 DJ의 절대적인 지지를 받은 박지원 후보의 낙선과 노동운동가 출신 김문수 후보의 당선을 15대 총선의 최대 이변으로 꼽았다.

그 후, 경인전철의 노후 차량은 신형으로 교체되었고, 1899년에 개통한 한반도 최초의 경인철도는 개통 100년이 되는 1999년, 국내 최초의 복복선이 되었다.

14. 국회의원 김문수

마흔다섯 살, 김문수는 가슴 깊이 새긴 애국심을 겹겹이 쌓은 채로 1인당 GDP 13,000달러, 29번째 OECD 가입국의 15대 국회의원이 되었다. 하지만 이듬해인 1997년 말, IMF 외환위기가 시작됐다.

"어디 가십니까?"
제복과 모자를 갖춘 국회 정문 경비원이 얶한 미소로 차를 세웠다.
"저- 김문수 의원인데요."
동료 의원들은 경비원과 경례를 주고받으며 국회 정

15대 국회의원 당선

문을 통과하는데, 김문수 의원은 매번 신원을 확인했다. 한두 번도 아니고 계속 그러는 이유를 알아보니 원인은 아반떼였다. 국회의원이 되면서 업무 효율을 높이기 위해 생애 처음으로 장만한 승용차인데 스타일을 구겼다. 아반떼를 타고 등원하는 국회의원이 있다는 소문이 확산되고, 경비원들의 생각이 바뀔 때까지 국회 정문에서의 출입단속은 지속됐다.

말하기 좋아하는 일부에서 노동운동가 출신 국회의원의 튀는 행동으로 치부했지만, 말 그대로 오해였다. 김문수는 평생 겉치레에 익숙하지 않고, 경제적으로 여유가 없어서 아반떼를 탔을 뿐인데, 국회의원의 관례에서 어긋났는지 오해 아닌 오해를 받으면서 의정활동을 시작했다.

정말 열심히, 진심을 다해, 의정활동을 하자 김문수 의원은 두각을 나타냈다.

노동 분야와 환경 그리고 수도권 교통과 아동보육 분야에 관심을 가지고 의정활동을 하면서, 부정부패 척결과 북한인권에 많은 노력을 기울였다. 그런데 일을 잘하는 것은 잘하는 것이고, 두각을 나타낼수록 좌파와 우파

양측에서 은근하게 견제했다. 좌파는 변절자라고 매도하고 싶어 했고, 우파는 사상이 의심스럽다고 수군대며 견제했지만 개의치 않았다.

국회의원의 본분인 국민과 국가발전을 목표로 시민들의 삶을 향상시키는 일에 매진했더니 초선임에도 1996년 녹색정치인상, 1998년 국회의정활동 환경노동위 최우수상을 받았다. 뿐만 아니라 결식아동 돕기에 적극적으로 나섰다.

"결식아동에게 밥을 줄 책임이 국가에 있는데, 왜 예산을 배정하지 않아서 성금에 의존하게 합니까?"

강력한 항의성 발언으로 김문수 의원은 한때 '김결식'이라는 별명을 얻기도 했다.

김문수는 부천 소사에서 15·16·17대 국회의원으로 연거푸 당선되면서 3선 의원이 됐다. 정치인들이 입버릇처럼 말하는 국민 머슴이란 이런 것이라고 증명하듯이 낮은 곳을 향해 뛰고 또 뛰었다. 그리고 혁명보다 어렵다는 정치개혁을 위해 온몸으로 부딪치고 설득했다. 이를 가까이에서 지켜본 국회출입기자단은 일 잘하는 국회의원 1등, 약속 잘 지키는 국회의원 1등, 국정감사 베스트 의원 1위를 9번이나 뽑아줬다.

칭찬은 고래도 춤추게 한다는데 국민의 칭찬과 신뢰에 보답하고자 더욱 열심히 진심으로 의정활동을 하다 보니, 김문수는 일 잘하고 좌파진영의 실체를 가장 잘 아는 보수당의 중진의원이 되었고, 당에서 새로운 임무가 주어졌다.

15. 경기도지사

2006년 5월 31일, 제4회 전국동시지방선거가 예고됐다.

제4회 지방선거의 최대 격전지이자 승부처로 꼽히는 경기도는 광역단체장 도지사 선거부터 31곳 기초자치단체장 선거까지 어느 당도 우세를 장담하지 못하는 살얼음 판세였다.

현직 손학규 경기도지사가 불출마를 선언하자 당은 비상이 걸렸고, 김문수는 자천타천으로 당내 경선을 통해 한나라당 경기도지사 후보가 됐다.

3선 국회의원이 행정가로 변신하는 의미있는 도전이었다.

여당인 열린우리당에선 필승 카드로 노무현 대통령의 참여정부에서 정보통신부 장관을 지낸 진대제를 후보로 내세웠다. 경북중학교 동기 동창인 진대제 후보는 삼성전자 신화의 주역으로 소개되면서 청년층의 지지를 받고 있었다. 양당에선 경기도지사 선거에 배수진을 쳤고, 접전을 예상했지만 선거 결과 김문수 후보(59.68%)가 진대제 후보(30.75%)를 압도적인 표차로 이기고 경기도지사에 당선됐다.

"공직자는 진실한 사람이어야 하고, 청렴한 사람이어야 한다."

김문수는 수없이 다짐해 온 생각을 곱씹으며 2006년 7월 1일, 1,250만 전국 최다인구를 섬기는 경기도 민선 4기 도지사에 취임했다.

진실하고 청렴한 공직을 다짐하며 업무를 시작했지만, 경기도의 현실은 국민권익위원회에서 주관하는 공공기관 청렴도 평가에서 전국 16위로 최하위를 하고 있었다. 권익위의 평가는 외부청렴도 60%, 내부청렴도

물류단지 현장에서

25%, 정책고객평가 15%로 하고, 부패공직자 수만큼 감점을 주는 방식이었는데 세부내역을 확인하니 꼴찌만큼이나 충격적이었다.

"공무원은 사익을 추구하지 않아야 하고, 가장 어렵고 가장 힘들어하는 사람들을 돌보는 일에 진심이어야 합니다. 법과 규정만 앞세우기보다 정말 어려운 국민들을 찾아서 그분들의 눈물을 닦아드리고, 그분들의 손을 잡고 일어서게 하는 것이 공직자의 사명입니다."

김문수는 함께 일하는 경기도 공무원들과 공직에 임하는 자세와 시선을 맞추기 위해 청렴대책반을 만들고 기회가 있을 때마다 호소하고 강조했다.

하지만 면밀히 실태를 파악하니 청렴에 대한 평가는 공무원의 문제만이 아니라 적발 위주의 감사 시스템에도 문제가 있었다. 공무원의 복지부동을 해결하기 위해 민원을 신속하게 지원하는 사전컨설팅제도를 도입하고, 감사원의 협조를 받아서 사전컨설팅 감사시스템을 구축하자 불필요한 규제가 혁신적으로 개선되고, 공무원들이 민원인으로부터 보호되었다.

그렇게 1년이 지나자 청렴도 평가에서 만년 하위권

을 벗어나지 못하던 경기도가 민원인이 평가하는 외부 청렴도와 도민들의 정책이행평가에서 최고점을 받았고, 다음 해부터는 청렴도 전국 1위와 청렴도 그랜드 슬램을 달성한 최우수기관으로 변모했다.

김문수는 도지사에 취임하고 나서 가장 먼저 도정을 함께 이끌어갈 공무원과의 소통에 많은 시간을 할애했다.
"동서고금을 막론하고 공직자가 깨끗하지 않으면, 온 나라가 더러워져서 국민이 살 수 없는 무너진 나라가 된다."
어차피 실무행정은 공무원들이 하는 것이니 신뢰와 팀워크가 중요했다.
간부들의 보고를 받아보니 하루도 미룰 수 없는 일이 산더미처럼 많았지만, 무엇보다 일자리 창출이 최우선 과제였다.
안정된 일자리를 창출하려면 좋은 기업을 유치하고, 해외에서 투자를 받는 것이 최고인데, 경기도를 소개하는데 영문 표기조차 통일되지 않았고 혼용하다 보니 혼선을 줬다. 뿐만 아니라 투자 및 경제관련 해외 주요인

사들은 특별한 인연이 아니면 경기도 자체를 몰랐다.

이명박 대통령 시절, 뉴욕에서 열리는 대규모 투자 설명회에 경기도가 참석했다.

해외 굴지의 투자회사들을 대상으로 20분의 프레젠테이션 시간이 주어졌지만, 그 시간 안에 경기도를 각인시키고 투자에 관심을 갖게 할지는 미지수였다. 김문수는 함께 출장 간 공무원들과 밤새 토의했지만 20분 이내에 경기도를 설명하고 투자를 유도하는 것은 불가능해 보였다.

고심한 끝에 경기도를 각인시키는 하나의 방법을 찾았다.

경기도 지도를 스크린에 띄우고, 삼성전자, 현대자동차, 기아자동차, LG 공장 등 글로벌 기업의 공장 위치를 표시했다. 그리고 경기도에는 삼성전자 공장과 연구소가 3개, LG가 4개, 현대, 기아 자동차 공장이 4개 있다고 소개하면서 경기도 수원시는 세계 최대규모의 삼성연구소가 있는 실실석인 삼성의 홈타운이라고 소개했다.

프레젠테이션이 끝나자 무관심하던 투자자들이 경기도에 관심을 보이며 상담이 쇄도했다. 역시 좋은 일자리

창출의 선봉은 기업이었다.

　도지사로서 도민들을 위해 하고 싶은 사업과 해야 할 사업 중에서 무엇을 먼저 해야 할지 참모들 사이에 논란이 있었다. 짧은 임기 동안 도지사가 하고 싶은 일을 시작하면 표심에는 도움이 되겠지만, 해야 할 일을 먼저 하면 주부가 빨래하고, 밥하고, 청소하는 것처럼 잘해도 표가 나지 않고, 늦추면 불편해지는 사업이었다.
　선거를 의식하지 않고, 살림 잘하는 주부처럼 해야 할 일을 우선으로 했더니 도민들로부터 사랑을 받고 미래를 준비하는 사업도 지지를 얻었다.

16. 최초의 재선 도지사

도지사 임기가 끝나가자 예측 기사가 쏟아지고, 김문수 스스로도 진로가 고민되었다.

전국 최다인구 광역단체장인 경기도지사의 행보는 전국적인 이슈가 많고 언론의 노출빈도가 많아서인지, 언론에서 서울특별시장과 함께 잠룡 운운하며 구름 위에 태우는 경향이 있다. 대개는 한자리 지지율에 머물다가 흐지부지 이무기로 끝나는데, 혹자는 일시적인 허수의 유혹과 언론의 부추김에 휩쓸리는 경우가 있었다.

하지만 그건 그들의 일이고, 4년 동안 국가와 국민을 위해 추진했던 도정과 미래준비를 마무리하는 것이 국익에 유익하겠다는 생각으로 김문수가 재선에 도전하기로 결심을 했지만 당선을 장담할 수 있는 정국이 아니었다. 당에서도 위기를 실감하고 범야권단일화 후보를 제압할 강력한 인물을 찾았지만, 마땅하지 않자 자연스럽게 재선에 도전했다.

제5회 전국동시지방선거는 2009년 5월에 노무현 대통령이 서거하고, 3개월 뒤 김대중 대통령이 서거한 지 얼마 지나지 않은 시점이어서 여당에게 불리했다.

두 대통령을 추모하는 여론이 좀처럼 식지 않았고, 이에 힘을 얻은 야권은 민주당, 민주노동당, 진보신당, 국민참여당이 참여하는 범야권단일화 후보를 내세우자는 필승전략에 합의했다.

김진표 민주당 최고의원, 유시민 전 보건복지부 장관, 심상정 진보당 전 대표 등 지명도 높은 인물들이 경합에 참여했고, 선동적인 메시지와 튀는 행동으로 젊은 유권자들의 지지를 얻은 유시민 후보가 범야권단일화 후보로 선출됐다.

언론에서는 현직 도지사와 범야권단일화 후보의 대결을 이슈화했다. 현직 도지사와 범야권단일화 후보의 대결은 유시민 후보의 현란한 말솜씨와 더불어 치열하고 격렬했지만, 도민의 사랑을 받은 김문수 후보가 19만 1,000표 차로 이기고 2010년 6월, 도지사 업무에 복귀했다.

민선 최초, 재선 도지사로 임기를 시작한 경기도는 서울시 면적의 17배 규모의 면적과 인구 1,260만 명으로 성장했고, 인구로만 보면 벨기에, 그리스, 포르투갈, 스웨덴과 비견되는 중견 국가 규모였다.

지리적으로는 서울특별시, 인천광역시와 함께 수도권을 이루고, 강원특별자치도, 충청남도, 충청북도와 인접하고, 북쪽에는 휴전선을 사이에 두고 북한과 대치하고 있었다. 뿐만 아니라 대한민국의 경제, 안보, 교통 등 국민생활의 중심에 있어서 더욱 엄중한 마음으로 재선 도지사의 업무를 이어갔다.

수도권 규제 합리화를 위해 중앙정부와의 협상을 지속하면서 미래준비에 최선을 다했다. 2009년 5월, 수도권 대중교통의 혁명을 이룰 GTX(수도권 광역급행열차)를 기획하고, 예비타당성조사에서 수서평택고속선이 삼성~

GTX를 기획하다

동탄 광역급행열차와 함께 통과되었다.

2011년 6월, 수서평택고속선과 동시에 실질적으로 GTX를 착공하고, 2012년 11월 경기도 지역구 국회의원들이 국가예산에 GTX 사업예산을 반영시키면서 본격적으로 GTX 사업이 추진되었다. 원래 사회간접자본(SOC) 사업은 사업구상에서부터 사업승인과 인허가 취득 그리고 사업비 확보와 공사까지 상당한 시간이 요구되지만, 계획대로 추진된다면 경기도민뿐만 아니라 수도권 전역의 국민들이 GTX 교통혁명의 혜택을 누리게 될 것이다.

골프 못 치는 김문수는 대중교통과 걷기를 좋아하고 등산과 철봉으로 건강을 챙긴다. 그런다고 골프를 싫어하지 않는다. 초선의원 시절부터 선배들이 강권하는 것 중의 하나가 골프를 시작하라는 것이었다. 골프를 못 치면 큰 정치하기가 어렵다는 주장인데 일견 일리가 있었다.

김문수는 골프에 대해는 잘 모르지만 소득수준이 되면 좋은 운동이라고 생각했다. 잘 가꾸어진 자연에서 동반자들과 몇 시간 동안 격의 없는 대화를 나눌 수 있고, 라운딩을 마치면 맛있는 음식도 함께 먹을 수 있으니 교분을 쌓기엔 더없이 좋은 운동인 것은 틀림없었다.

다른 스포츠와는 달리 심판이 없고, 스스로 룰을 지키는 운동이라고 하니 매력적이지만, 골프를 즐길 시간과 경제적인 여유가 없어서 시작을 못했다. 그런다고 경기도 내 골프장 허가에 인색하지 않았다.

지사 취임 후에 20여 개의 신축 골프장을 허가했고, 경기도 내 골프장이 134개 이상이 되자 사람들이 김문수를 골프지사라고 불렀다. 본인이 골프를 못하는 것과 골퍼들을 위한 골프산업 육성은 별개의 문제였다.

다만 김문수는 골프를 해도, 골프를 하지 않아도 행복한 나라를 만들고 싶었다.

집이 없고, 숨겨둔 예금이 없어도 미래가 불안하지 않는 가정을 만들고, 공권력이 시민을 지키고 봉사하는 경기도를 만들기 위해 노력했다.

일자리가 부족한 하남 지역에 국내 최초로 쇼핑, 레저, 힐링, 문화 등이 한곳에서 이루어지는 대형 테마파크를 허가했다. 당시엔 긴가민가하는 사업이었지만, 미래형 복합쇼핑몰 하남 스타필드는 지역민의 일자리 증대뿐만 아니라 국민들에게 새로운 생활문화를 제시했다.

또한 다양한 채널을 통해 삼성전자가 해외로 공장 이전을 심각하게 검토하고 있다는 첩보를 접했다. 즉시 책임자를 만나서 설득했지만 회사의 운명이 걸린 결정이니 말 몇 마디로 해결될 사안이 아니었다.

한국 경제를 대표하는 글로벌 기업이 해외로 이전하게 되면 당장 양질의 일자리가 수만 개 사라지게 되는데, 도지사로서 왜 이전해야 하는지를 물었다.

수많은 이유로 이전을 검토하고 있다고 했지만, 불합리한 수도권 규제가 일차적인 문제였다.

양질의 일자리를 지켜야 한다는 절박한 심정으로 불합리한 규제를 풀기 위해 직접 뛰었다. 비밀을 지키기 위해 수행직원 없이 중앙정부를 수없이 찾아가서 설득했다. 삼성전자만을 위해서가 아니라 양질의 직장을 지키기 위해 최선을 다했다. 결론적으로 삼성전자는 떠나지 않았고, 총 투자 규모를 180조 규모로 예상하는 전 세계에서 가장 큰 반도체공장, 삼성전자 평택캠퍼스가 세워졌다.

전임 손학규 도지사는 홍콩에 세워진 아시아 최초의 IT 신도시 사이버포트를 모델로 판교에 테크노밸리를 구상했다. 미래를 준비하는 기획으로 중앙정부로부터 사업인가를 받았고, 2005년도에 수정계획까지 발표했지만 안타깝게 손학규 도지사의 임기가 끝났다. 추진동력이 식을 위기에 처한 이 구상을 면밀히 살펴보니 IT 강국을 지향하는 대한민국 미래세대를 위해선 꼭 필요한 사업이었다. 적극적으로 사업을 이어받아 2006년에 착공하고, 2012년부터 IT 기업들이 입주하기 시작했다.

    오늘을 치밀하게 준비하지 않으면, 미래는 없다는 각오로 김문수는 다가오는 경기도의 미래를 준비했다.

김문수 이야기 ── 진심

진심

17. 택시기사 김문수

경기도는 서울시 면적의 17배로 서울을 배경으로 경기 남부와 북부로 갈라져 있고, 인구밀도는 서울시의 6%선이었다. 그러다 보니 경기도는 지역별로 도시가 발달했고, 도시와 도시를 연결하는 대중교통망이 취약해서 연골고리가 없으니 민원 또한 지역별로 다양했다.

경기도지사 시절 김문수는 각 지역에서 발생하는 다양한 민원을 직접 살피기 위해 암행어사 박문수처럼 택시기사 김기사로 변신했다.

학생 때부터 위장 취업을 했고, 1986년, 인천 5·3 직

6년 차 택시기사 김문수

선제 개헌 투쟁으로 구속될 때까지 현장 노동자이자 전설적인 노동운동가였으니 노동현장은 낯설지 않았지만, 현직 도지사가 택시운전을 한다고 하니 주변에서 다양한 반응을 보였다.

"김문수 지사가 웬일로 쇼를 하지?"

아무도 믿지 않았다.

도청 직원들은 강력하게 만류했다. 그럼에도 2009년 1월 27일 설 연휴 마지막 날, 도지사 관사가 있는 수원에서 첫 번째 택시운전을 시작해서 특별한 행사가 없는 휴일에는 경기도 내 주요도시에서 연 152시간, 사납금을 염려하는 택시기사로 일했다.

"어디로 모실까요?"

민생을 살피고, 국민들과 진솔한 이야기를 나누는 데는 택시만 한 장소가 없었다.

"목적지까지 안전하게 모시겠습니다."

국민을 향한 김문수의 진심이었다.

"지사님! 1년 했으니 이제 그만두시지요."

또다시 도청 직원들의 만류가 심했다.

하지만 민심을 듣고, 바닥 민심을 살피는 데 택시운

전보다 더 좋은 방법을 찾지 못했다. 택시 안에서 만난 시민들이 무심코 하는 말속엔 지역경제의 현실이 보였고, 내뱉는 불만에는 시민들의 바람과 소망이 고스란히 담겨 있었다. 또한 시·군 곳곳에 걸려 있는 현수막 내용은 지역 현안을 한눈에 알 수 있도록 했고, 평소에 메모하는 습관이 유용하게 사용됐다.

암행어사 박문수처럼 시민들의 삶을 직접 확인하고 해결하기 위해서 시작한 택시운전은 김문수가 도지사를 퇴임할 때까지 6년 동안 지속했다.

한번은 김문수 지사가 경기 북부의 의정부에서 택시운전을 했다.

군사도시로 알려진 의정부는 45만 규모의 큰 도시로 경기도청 북부 사무실이 있을 만큼 중요한 도시다. 이 도시에서 12시간 동안 150km 가까이 달렸지만, 사납금과 가스충전비를 제하고 나니 손에 쥐는 돈이 만 원이었다. 물론 길을 잘 모르고, 어디로 가야 손님이 있는지를 모르니 이해는 됐지만, 점심시간을 제외하고 화장실 한 번 가지 않고 달렸는데 수고에 비해 수입이 열악했다.

문제를 들여다보니 인구 밀도가 낮은 넓은 지역에

서는 콜제도가 유용한데, 택시를 부르는 콜 전화번호가 회사별로, 지역별로 달랐다. 그래서 급히 통합콜을 만들었다.

2009년 GG콜(1688-9999)이라는 통합 브랜드를 만들어서 도내 3만 5천 대 택시 중 7천 대가 가입하자 지자체 최초로 2010년 3월, 경기도 통합콜을 가동시켰다. 그리고 시, 군별로 다른 요금체계를 단순화해서 갈등을 해결해 나갔다.

6년 차 택시기사 김문수는 평소에 물을 적게 마시는 습관이 생겼다.

대다수 택시기사가 운전하는 중에는 갈증이 심해도 목만 축이고 물을 마시지 않는데, 이유는 편하게 화장실에 갈 여건이 안 되기 때문이다. 택시는 나라의 교통문화를 평가하는 기준인데, 우리나라 택시기사들의 근무여건은 생각보다 열악했다. 무조건 그들에게만 친절을 강요할 게 아니라 관심을 가지고 꼭 해결해야 할 교통문화의 사각지대였다.

18. 119 도지사 김문수

경기도지사로 재직하는 동안 김문수가 잊지 못할 부끄러운 사건이 하나 있다.

오래전에 있었던 일인데도 잊을 만하면 들춰내서 그때의 상황을 묻는 분들이 있어 김문수를 난감하게 하는 사건이다. 사건의 배경은 2011년 12월 19일, 한 해를 마무리하고 새해를 구상하는 분주한 연말에 김문수가 남양주 지역을 방문했던 때였다. 공무가 늘 그렇듯이 짧고 바쁜 일정이었다.

경기도시공사에서 고위직을 지낸 직원이 항암치료를 받다가 치료를 포기하고 남양주 어딘가에서 요양하고 있다는 딱한 사정을 현장에서 듣게 되었다.

그는 과거에 민주화 투쟁을 했던 사람으로 친분이 있었는데, 도지사가 바쁘다는 이유로 남양주까지 와서 그냥 지나칠 수가 없었다. 서둘러 일정을 소화하고, 요양하고 있다는 곳을 찾아가서 문병했다. 한눈에 보아도 환자의 상태가 위중해서 '어쩌면 다시 만날 수 없겠구나' 하는 생각이 들어 마음이 아팠다.

도지사로서, 민주화 투쟁을 하던 동지로서 위로의 말을 전했지만 생각보다 더 사정이 딱해 보였다. 요양하고 있는 장소의 주변을 살피니 남양주 지역에서도 외진 곳이어서 긴급한 상황이 되면 환자가 신형 구급차를 이용할 수 있는지 궁금했다. 수행한 직원에게 확인하라고 할 수 있었지만, 이런 기회에 연말에 수고하는 119 소방대원들을 격려할 겸 직접 통화를 시도했다.

김문수는 내심 119에 전화를 걸면 "남양주 소방서 소방교 ○○○입니다."라고 관등성명을 할 거라고 예상했고, 그러면 제복을 존중하는 뜻으로 "도지사 김문수입니다."라고 관등성명으로 응대한 후에 자연스럽게 긴급 상황에 대한 용건을 묻고, 바쁜 연말에 수고하는 119 소방대원에게 따뜻한 덕담을 전하는 통화를 상상했다.

그런데 전화를 하자 자동응답기에서 "남양주 소방서입니다."라는 기계음이 나왔다. 생각지 못한 자동응답 기능에 어떻게 대응할지 고민하는 사이에 "여보세요. 말씀하세요."라고 소방대원이 응대하자 순간 당황했다.

"어 어, 도지사 김문수입니다."

"아, 그래요. 용건을 말씀하세요."

"도지사 김문수라니까요."

"알았으니까, 용건을 말씀하세요."

대화는 엉뚱한 방향으로 흐르고, 몹시 당황스러웠다.

"도지사 김문수입니다. 거기 119 남양주 우리 소방서가 맞나요?"

다시 한번 관등성명을 밝히며 대화를 바로잡으려고 시도했다.

"무슨 일인지 말씀을 하세요"

"아이고!"

상상했던 대화와는 상황이 더 멀어지고 장난전화라는 오해가 생겼다.

하지만 오해는 오해고, 연말연시 격무에 시달리는 남양주 119 상황실 당직근무자에게 도지사가 직접 전화할 거라는 생각을 누가 했겠는가? 스스로 생각해도 장난전화일 가능성이 매우 높았다. 통화 내용이 어떻든 격무에 지친 119 상황실을 먼저 살펴야 했는데 김문수의 불찰이었다.

이 일로 김문수에게는 권위적인 꼰대 이미지가 씌워졌고, 질타가 쏟아졌다.

빠르게 전화를 받았던 남양주 119 소방서의 소방교에게 불이익이 가지 않도록 했지만, 녹취 파일이 공개되면서 도지사 갑질을 질타하는 댓글이 줄을 이었다.

그러나 김문수는 119 소방대의 업무를 누구보다 존중했다. 기회가 있을 때마다 119 소방대원은 민원인을 가장 가까이에서 돌보면서 화재, 수해, 응급환자 수송, 운동 중 부상, 등산 중 추락, 심지어 말벌 퇴치에서 보일러 누수까지 일일이 열거할 수 없는 다양한 민원을 해결하기 위해 불철주야 긴급으로 출동하는 시민들의 수호자라고 말했다.

"노부모님께 안부전화도 못하는 자식이 있는데, 119 소방대원들은 신고가 접수되면 가장 빠른 시간에 현장에 도착하는 것을 목표로 긴장 속에서 24시간 대기하고

119 도지사

있는 정말 소중한 우리의 가족입니다."

김문수는 도지사에 취임하고 나서 소방서의 실태를 파악했다.

소방관은 시민의 생명을 구하다가 자신을 희생하는 일이 빈번한 헌신적인 직업으로 엄청난 일을 하면서도 지원은 턱없이 부족하고, 처우는 업무에 비해서 열악했다. 심지어 소방예산의 중앙정부 지원율이 0.8%에 불과했다. 그리고 경기도 31개 시·군 가운데 의왕, 가평, 화성, 연천, 양주 지역에는 소방서가 없어서 인근 소방서에서 지원을 하고 있었다. 그러니 업무가 더 과중했다.

소방공무원의 근무환경 개선과 노후화된 소방장비 교체의 시급함을 알고 해결을 위해 노력했으나, 지방정부 소방예산만으로는 한계가 있었다.

중앙정부와 국회를 찾아가서 소방예산 국비지원을 늘리는 것은 소방관을 위해서 뿐만 아니라 국민의 안전을 위해서 반드시 살펴야 할 국가적 과제라고 설득하면서 도예산을 들여 2년에 걸쳐서 소방서를 신축하고, 119센터 9개를 증설했다.

김문수는 보행자의 안전을 위해 국민의 세금을 들여 인도를 만들었는데도 위험하게 차도를 걷는 사람을 보면 안타까워하고, 건널목에 신호등을 설치하고 안전선을 또렷하게 그렸는데도 지키지 않아서 사고를 당하면 어찌할 바를 모르는 규칙지향적인 성향이 있었다. 그러나 국회의원과 도지사로 봉직하면서 다양한 형편과 처지에 있는 국민들을 만나고, 그들의 삶을 이해하면서 많이 유연해졌다고 생각했는데, 119 소방서에 전화할 때는 공무원도 국민의 한 사람이라는 것을 간과했다고 했다. 그러면서 다시 한번 당시 119 소방서 현장에 있었던 공무원들에게 이렇게 미안한 마음을 전한다.

　"자신이 처해 있는 환경과 위치에서 국가와 국민을 위해 최선을 다하는 공무원의 헌신을 당연하다고 착각할 때가 있습니다. 특히 국가에서 관등성명을 새겨준 제복을 갖춘 군인, 경찰, 119 소방관 등 제복공무원들은 24시간 현장에서 애국적 사명감 없이는 감당하기 힘든 헌신을 수행하고 있습니다.

　갑작스러운 도지사와의 통화로 마음고생을 했을 남양주 소방서와 당시 119 상황실 근무자와 불철주야 수고하는 전국의 모든 119 소방대원과 군인, 경찰 등 제복공무원들에게 다시 한번 송구한 마음과 감사를 전합니다."

19. 청년 사랑

젊은이여! 죽더라도 거짓이 없어라.
꿈에서라도 거짓말을 했거든 깨어나서 반성하라.
-안창호-

도산의 애국정신과 교육정신을 기리고자 강남개발이 시작되던 1973년에 조성된 도산공원은 사계절을 확연하게 느낄 수 있는 멋진 조경과 도산의 동상과 말씀비 그리고 기념관 등이 있는 시민공원이다.

도산은 일찍이 청년들에게 힘의 원천은 지식, 경제력, 도덕성이며, 그중에서도 정직을 바탕으로 한 인격의 힘이 모든 일의 성패를 결정하는 핵심이라고 했다. 또 나라가 부강해지려면 개개인이 부강해야 하고, 개개인이 힘 있는 국민이 되려면 우선 나부터 힘 있는 사람이 되어야 한다고 했다.

도산은 조국의 광복을 보지 못하고 돌아가셨지만, 도산이 사랑했던 애국청년들이 오늘의 대한민국을 이루었다. 자유민주주의의 풍성한 열매를 누리는 대한민국은 도산이 간절히 바랐던 것처럼 청년이면 누구나 필요한 지식을 습득할 수 있는 여건이 마련되었고, 세계 10위권의 경제강국으로 건국 이래 가장 강력한 경제력을 자랑하게 됐다. 또 1인당 국민소득이 일본을 앞지르는 기적 같은 일을 현실로 만들었고, 전 세계에서 두 번째로 무비자 입국 국가가 많은 외교강국으로 한강의 기적을 넘어 격세지감을 실감하는 대한민국이 됐다.

김문수가 오랜만에 도산 안창호와 부인 이혜련 여사의 묘지가 있는 도산공원을 방문하고 참배했을 때였다.

"차 한잔하고 가시지요."

김문수와 일행은 도산공원을 나와서 활기찬 젊은이들 사이에 자리를 잡았다.

청년들과 함께

"청년들과 가깝게 지내시죠?"

함께 자리한 일행이 이 시대 청년들에 대한 김문수의 생각을 물었다.

"아프니까 청춘이다. 힘들면 쉬어 가야지요."

김문수가 이렇게 웃으며 말하자, 그는 정색을 하며 김문수에게서 이런 따뜻하고 부드러운 표현을 들은 기억이 없다고 했다.

"아닐 텐데요. 자료를 찾아보세요."

김문수는 억울하다고 하면서, 아프고 힘든 청년들을 위로하고 격려하는 것은 당연한 책무지만 말로는 부족하다고 강변했다.

"청년 사랑은 말이 아니라 책임입니다."

정치인 김문수는 청년 김문수를 스스로 사랑했던 것처럼, 국가가 부여한 책임을 다해 이 시대의 청년들을 사랑하고, 더 나은 미래를 제공하려고 부단히 노력했다고 했다. 도지사로서 규제감옥으로 불릴 만큼 각종 수도권 규제에 갇혀 있던 경기도를 개혁해서 유수한 기업들을 유치하고, 더 많은 양질의 일자리를 창출하기 위해 온 힘을 다했다고 했다. 무엇보다 소외된 청년이 없도록 심혈을 기울였지만, 체감의 결과가 미흡하니 청년들로서는 만족스럽지 못할 거라고 하면서 도지사의 한계를 토로했다.

"도지사 때 무상으로 청년수당이나 왕창 지불하지 그러셨어요?"

"그럴 걸 그랬나요?"

김문수는 웃음으로 넘겼지만, 꼰대 소리를 듣는 한이 있어도 그런 포퓰리즘은 국가와 청년의 미래를 생각하면 절대 해선 안 되는 하책이라고 강조했다.

청년 시절에 노동개혁을 통해 모두가 함께 잘사는 사회를 꿈꾸고, 민주화 투쟁으로 모두가 평등하고 자유로운 사회를 만들겠다고 앞장섰던 김문수는 후배 청년들이 투쟁하지 않아도 공정과 정의가 지켜지고, 자유민주주의가 확고히 실현되고, 자유시장경제가 원활하게 운용되는 대한민국에서 살게 하겠다는 결의로 정치에 입문했다.

청년 시절 투사로 이름을 날렸던 김문수가 청년을 사랑하는 방법은 표와 인기를 위한 달콤한 사탕이 아니라 억울함 없는 공정한 사회에서, 정정당당하게 경쟁해서,

안정된 직업을 가지고, 가정을 이루어 자녀를 낳고, 행복하게 살아가는 대한민국을 함께 만들기 위해 피와 땀과 눈물을 흘리는 것이었다.

"청년에 대해 할 얘기가 많으신가 봅니다."

대화가 길어져서 마무리하려고 하는데, 김문수는 청년은 나라의 미래라고 강조하면서 이야기를 멈추지 못했다.

"청년이 행복해야 대한민국이 행복합니다."

이렇게 말문을 연 김문수는 다음과 같이 덧붙였다.

"청년은 사랑하고, 결혼하고, 출산하는 기쁨과 행복한 삶을 누릴 권리가 있습니다. 이를 이루기 위해서는 지속가능한 양질의 직장이 절대적으로 필요합니다. 그러니 정치가 기업을 파괴해서는 안 됩니다. 재벌을 위해서가 아니라 노사 모두를 위한 대기업을 더 많이 만들어야 합니다. 법 테두리 안에서 삼성, 현대, SK, LG, 한화 같은 세계시장에서 경쟁력 있는 글로벌 그룹을 100개 아니, 200개는 더 세워야 합니다. 강소기업과 건실한 중견기업도 수천, 수만 개가 세워지도록 정부는 기업하기 좋은 환경과 유연성 있는 규제운용으로 유수한 해외 글로벌 기업을 적극 유치해야 합니다. 그런 기반에서 정부는 청년 창업과 신기술 도전, 과학기술 발전에 깊은 관심을 가지고 전폭적으로 지원해야 합니다."

"꼭 그런 나라를 만들어주세요."

일행들 앞에서 청년들의 미래와 행복을 위해 구체적인 방안을 제시하며 열변을 토로하던 김문수는 그 후로도 자신의 청년 시절을 사랑하듯이 청년들을 향한 사랑을 멈추지 않았다.

20. 퇴임 후 첫 일정

　건국 이후 최초로 경기도지사직을 연임한 김문수는 '더 낮은 곳에서 더 뜨겁게' 서번트 리더십으로 경기도민을 섬기다가 2014년 6월 30일 늦은 시간, 경기북부 어느 전철역에서 무상급식 봉사를 하는 도중에 임기가 만료되어 함께 봉사하던 분들의 박수로 8년 임기를 마쳤다.

　주변에선 퇴임식을 하지 않았다고 섭섭해했지만, 아무런 연고가 없던 경기도에서 3번의 국회의원과 2번의 도지사로 국민과 도민을 위해 봉사할 수 있게 해준 경기도와 경기도민은 이미 감사의 마음을 넘어선 가족이었

소록도에서의 기도

고, 사랑이었으니 퇴임식이 필요 없다고 생각했다.

퇴임 날이 다가오자 당 지도부에서 긴급하게 연락이 왔다.

서울 동작을 보궐선거에 출마하라는 요청이었다. 선당후사를 강조하며 강력하게 출마를 권했지만 김문수는 고사했다. 언론에서 갑론을박 추측성 기사가 많이 나왔지만, 퇴임 후 김문수의 첫 행보는 전라남도 고흥군에 있는 '아름다운 아기사슴 섬, 국립소록도병원'으로 이미 정해져 있었다.

도지사 시절, 5·18 광주민주화운동 기념행사에 참석하기 위해 광주광역시를 방문하던 차에 국립소록도병원에서 1박 2일을 체류했었다. 그때 퇴임하면 꼭 다시 찾아오겠다고 그들과 약속했는데, 어떤 일보다 우선하여 그 약속을 지키고 싶었다. 김문수와 한센인들과의 인연은 오래되었다. 도지사 시절, 충북 음성 꽃동네와 포천 지역에 있는 한센인 마을을 종종 찾았고, 기념행사에도 잊지 않고 참석했었다.

한때 문둥병이라고 불렸던 한센병은 참 고약한 병이다. 최근엔 치료제가 개발되어 치료가 가능하지만, 구약

성경에도 등장하는 아주 오래된 병으로 특징은 환자가 환부의 고통을 느끼지 못하는 병이다. 증상이 심하면 코가 베이고, 손이 불타고, 살점이 썩어도 통증을 느끼지 못한다. 그래서 그런지 한센인의 바람은 고통과 통증을 느끼는 것이라고 한다.

김문수는 퇴임 후 첫 일정으로 찾아간 소록도 한센인병원에서 7일간 숙식하면서 봉사했다. 평소에 육체봉사는 별로 힘들어하지 않는데 소록도병원의 봉사는 힘에 부쳤다.

"더 낮은 곳에서 더 뜨겁게!"

소록도 한센인병원의 의료진과 관계자 그리고 봉사자들은 김문수가 소록도 한센인병원을 두 번 찾은 유일한 정치인이자 7일을 체류한 최초의 정치인이라고 추켜세웠다. 그러나 김문수는 그들이야말로 말 그대로 '더 낮은 곳에서 더 뜨겁게' 봉사하는 천사들이라며 존경의 마음을 전했다.

김문수는 아름다운 아기사슴 섬, 소록도에서 이들과 함께 7일간 체류하면서 정치인으로 치열하게 살아온 20

년 동안 정말 더 낮은 곳에서, 더 뜨겁게 나라와 국민을 사랑했는지를 점검했다.

그러는 사이에 지지자들은 서울 동작을 보궐선거라는 좋은 기회를 놓쳤다며 아쉬워했고, 일부 언론에서는 당선에 자신이 없어서 피한 거 아니냐고 질타했지만, 결과적으로 동작을 보궐선거에서 나경원 의원이 당선되어 모두에게 최선의 선택이 되었다.

21. 인권평화상

　김문수는 독일 드레스덴 시민봉기사업회로부터 2015년 '드레스덴 인권평화상' 수상자로 선정되었다는 통보를 받았다.

　독일 작센주 주도 드레스덴 시는 우리에게는 생소하지만 베를린 남쪽에 있는 유서 깊은 도시로 1989년 10월, 이 도시에서 시작된 평화 시위가 도화선이 되어 동독 전체로 확산됐다. 시위를 시작한 지 한 달이 채 되기 전에 베를린 장벽이 무너졌고, 10개월 뒤에 독일이 통일되었다.

　누군가는 앞장섰고, 누군가는 행동했고, 모두가 용기

를 내자, 철벽같던 이념의 장벽이 무너졌다. 이를 기념하기 위해 2012년에 제정된 '드레스덴 인권평화상'을 한국의 정치인 김문수가 수상했다. 영광스럽고 감사하지만 북한 주민의 인권을 생각하면 김문수는 마냥 기쁘지만은 않았다.

2005년, 17대 국회에서 김문수 의원이 주도해서 발의한 북한인권법(북한의 인권을 개선하기 위하여 재정한 법률)이 11년 동안 국회에서 계류되었다.

미국의 북한인권법은 2004년 3월 하원에 상정된 뒤 같은 해 7월 만장일치로 하원을 통과하고, 9월에 상원을 통과했다. 같은 해 10월 18일 조시 W. 부시 대통령이 서명함으로 발효되어 시행되고 있다. 일본의 북한인권법은 2006년 6월 23일, '납치문제와 그 밖의 북조선 당국의 인권침해문제의 대처에 관한 법률'로 공표되었다.

하루빨리 김일성 일가로부터 대를 이어 억압받고 있는 북한 주민의 인권을 개선하자는 북한인권법이 11년째 표류하다가 2016년 마지막 정기국회에서 통과됐다. 하지만 북한 주민이 아니라 북한 당국의 입장을 대변하는 정치인들 때문에 이유 없이 지연되다가 통과는 됐지

작센주 총리와 함께

만, 실행은 미지수로 남았다.

 우리나라에서는 언제부터인가 김문수처럼 북한인권을 강조하면 강성 이미지의 경직된 사람으로 오해를 받는다. 그럼에도 김문수가 사회 곳곳에 걸쳐 있는 인권의 사각지대를 줄이기 위해 북한인권문제를 비롯해서 소외계층 인권에 관심을 가지고 노력하다 보니 안 그래도 노동, 민주투사의 이미지가 강한데 인권문제까지 더해져 화려한 정치경력의 중진임에도 불구하고 김문수에게는 항상 야생의 이미지가 따라다녔다.

 김문수는 제도권 정치에 들어와서 3선 국회의원을 하는 동안에는 국민 머슴을 자처하며 스스로를 돌보지 않았고, 8년 도지사를 하는 동안에는 '더 낮은 곳에서 더 뜨겁게'를 외치며 도정을 살피느라 스스로를 꾸미지 못했다. 뿐만 아니라 선공후사를 좌우명으로 하다 보니 도지사 시절에 무남독녀 외동딸, 동주가 결혼을 했는데, 정치권은 물론 도청 직원들도 모르는 작은 결혼식을 했다.
 김문수는 사돈에게는 죄송했지만, 자신들의 결혼처럼 외동딸 결혼에도 청첩장을 만들지 않았다.

"강직은 몰라도 왜 경직된 사람이죠?"

말이 안 되는 얘기라고 항변하지만, 이미지가 그렇다는데 어쩌겠는가?

김문수는 정치인이지만 민감하고 첨예한 문제를 피하지 않았다. 국민들을 위한 시급한 사회문제에 앞장서서 등장했고, 소외된 서민문제에는 어김없이 나타났다. 그리고 안보와 인권 등 무거운 주제에도 단골로 등장하다 보니 강직하고 경직된 이미지가 형성되었다. 또한 언론에 보이는 모습이 기성 정치인처럼 반지르르하지 않고, 꾸깃꾸깃하고 투박해 보이니 민주투사, 노동투사 경력과 연계되어 온유하고 정직한 본래의 성품이 잘 드러나지 않았다.

"대중에게 알려진 이미지와 실제 이미지가 이렇게 다른 정치인은 처음 봅니다."

어린아이처럼 환하게 웃는 김문수의 모습을 처음 본 기자가 한 말이다. 물론, 그는 우호적인 언론사의 기자가 아니었다.

김문수 이야기

———

광야

광야

22. 낙선

2016년, 20대 국회의원 선거일이 확정되었다.

김문수는 17대 총선에서 한나라당 공천심사위원장을 했던 사람으로서 누구보다 당의 공천 원칙을 지키며 출마할 지역구를 정해야 했다. 연이어 3선을 했던 부천 소사구는 국회의원 시절에 보좌관으로 인연을 시작한 차명진 의원이 재선을 넘어 3선을 목표로 열심히 지역구를 관리하며 활동하고 있었다.

지인들은 당선 가능성을 고려해서 경기도를 포함한 수도권 지역구를 권했고, 언론에서는 수도권 출마를 당연하게 보도했지만, 김문수는 도지사 시절 좋은 관계를 유지한 경기도 국회의원들의 지역구를 욕심내고 싶지 않았다. 수도권을 벗어난 험지 출마를 고려하고 있을 때, 20대 총선 새누리당 공천위원장이자 대구시 수성갑 출신의 이한구 의원이 불출마를 선언했다.

김문수는 대구 출신 원내대표 유승민 의원에게 수성갑 출마를 상의하면서 대구 지역 국회의원들의 의견을 타진해 달라고 부탁했다. 반대는 없었다고 했고, 환영한다면서도 공천을 적극적으로 권하지 않았다. 심지어 수성을의 주호영 의원은 수성갑만이 아니라 대구 전역에서 반 새누리당 정서가 강하게 불고 있어 대구 지역 국회의원들이 긴장하고 있다고 귀띔했다. 한마디로 대구 수성갑은 선거결과를 장담할 수 없는 험지이니 출마에 신중을 기하라는 동지들의 배려였다.

정치 고향 경기도에서 20년을 봉사했으니, 김문수는 자신을 키운 고향 대구를 위해 봉사하고 싶은 마음이 컸다. 언론에선 잠룡을 운운하며 대선을 부추겼지만, 사실 범야권단일후보를 이기고 재선 도지사에 성공했을 때, 10%대 초반 지지를 받은 걸 제외하곤 한 자릿수 지지를 넘지 못했다. 그러니 대선을 염두에 둔 처신은 언감생심이었지만, 언론에선 대선을 의식하고 고향으로 꽃가마 타러 간다고 맹비난을 했다.

상대당 후보는 경상북도 상주 출신으로 경기도 군포시에서 3선 국회의원을 지냈고, 19대 총선 때 대구로 내려와 지역타파를 외치며 수성갑에서 출마했으나 낙선했다. 그 후에도 대구를 떠나지 않고 2년 후에 대구시장에 도전하면서 인지도를 크게 높였고, 수성갑 지역구를 열심히 관리해 온 더불어민주당의 김부겸 전 의원이었다. 그는 경북고등학교와 운동권 후배로 정치노선은 다르지만 더불어민주당에선 소신 있는 정치인으로 알려진 인물이었다.

김문수는 상당기간 지역구를 관리해 온 상대당 후보에 비해 선거준비가 많이 늦었다. 열심히 하다 보면 고향 사람들이 진심을 알아주겠지 하는 바람으로 선거운동을 했지만, 첫 번째 여론조사 결과는 크게 뒤져 있었다.

'조금 더 열심히 하자!'

첫 번째 낙선

지역 주민들을 만나 설득하면서 진심이 전달되자 지지율이 오르기 시작했다.

언론에선 박빙을 보도하기 시작했고, 선거운동은 막바지로 가는데 새누리당 공천파동이라는 악재의 여파는 날로 커갔다. 그럼에도 불구하고 지지율 상승을 실감하면서 당선의 희망을 만들어 가는데 선거운동 중반부터 이상한 소문이 들리기 시작했다.

"그거 알아? 대구 경제를 망친 원흉이 김문수래!"

김문수가 경기도지사를 할 때, 수도권 규제를 무리하게 풀어 파주에 LG 필립스 공장을 세우는 바람에 구미 등 대구 인근의 공장과 인력이 수도권으로 대거 이전했고, 그 바람에 대구 경제가 침몰했다는 소문이었다. 억울했다. 다른 거라면 몰라도 LG 필립스는 전임 도지사 때의 일인데 졸지에 대구 경제를 침몰시킨 주범으로 전락했다.

의도적인 소문이 원래 그렇듯이 불같이 퍼졌고, 유권자들에게 공천파동의 분노와 함께 사실처럼 급속하게 퍼졌다.

'아이고!'

해명할 시간이 부족했다.

결국 김문수는 선거에서 반전을 만들지 못했고, 첫 번째 낙선을 고향에서 했다.

23. 백수 김문수

김문수라는 이름이 언론에서 사라졌다.

잠룡이니 대선주자니 하며 오랫동안 거론되던 이름인데, 단 한 번의 낙선으로 백수가 됐다. 중, 고 대학입시는 물론 8번이 넘는 국가기능자격 시험과 3번의 국회의원 선거 그리고 2번의 도지사 선거에서 한 번도 실패한 적이 없었다. 김문수는 무심한 척했지만 속으로는 충격이 컸다.

지지자들은 왜 대구에서 출마했냐고 지탄하며 안타까워했고, 지하철에서, 길을 걷다가, 식당에서, 오가다 만난 시민들은 반가운 얼굴로 백수를 위로했다.

그럴 때마다 김문수는 숙제를 못한 학생처럼 죄송하고 아쉬웠지만, 일정이 줄고 시간이 많아지자 새로운 사람들을 만날 기회가 생겼다. 정치인으로 바삐 지낼 때는 만나야 할 분들이 너무 많아서 만나고 싶은 분들을 제대로 만나지 못했고, 새로운 사귐이 제한적이었는데, 아이러니하게 백수가 되자 비로소 넓은 물이 보였다.

"안녕하세요. 백수 김문수입니다."
이름 석 자만 새긴 하얀 명함을 어색하게 건넸다.
정치권과 거리가 있는 시민들을 만나서 시간에 구애됨 없이 나라 걱정을 하며 차를 마셨다.
"축 낙선!"
이들은 낙선을 축하한다면서 웃었다.
국회의원 선거에서 낙선하지 않았으면 일반 백성들과 다양한 주제로 자유롭게 대화하는 시간이 있었겠느냐고 하면서 이런 기회에 한 발 떨어져서 나라의 미래를 구상하고, 기획하는 시간이 되길 바란다는 의견을 냈다.
"저는 항상 나라의 미래를 위해서 고민했습니다."
김문수는 자신 있게 반박했다.
그러나 그들은 얼마나 깊고 넓게, 얼마나 여유 있게

고민할 기회가 있었는지를 물었다. 그러면서 그들은 세계 정치사에서 낙선의 경험이 없는 훌륭한 정치 지도자는 없었다고 하면서 이번 낙선은 고향이 김문수에게 준 선물일 거라고 했다.

"아쉽습니다."
한국 정치인들 중에서 좌, 우를 망라해서 인격적으로 신뢰할 수 있는 정직한 정치인을 꼽으라면 김문수가 으뜸인데, 현재로서는 대통령은 물론 후보조차 될 가능성도 없으니 아쉽다고 했다.
"하지만 또 모르죠."
다른 분이 말을 이어갔다.
"지금이야 국민을 속이는 정치가 판을 치고, 내 편 네 편으로 갈려서 정직한 인격이 가치를 잃었지만, 언젠가 이념 뒤에 숨은 배후정치가 드러나고, 진실하고 정직한 나라 사랑의 가치가 회복된다면 모르긴 해도 김문수가 으뜸일 겁니다. 특히 국민을 속이지 않는 정직하고 용감한 정치 지도자를 뽑는다면 아마 경쟁자가 없을 겁니다."
거짓말이 실력이 되는 기이한 시대에 희망을 얘기

백수의 자유로움

하자 함께한 시민들이 크게 공감하면서 분위기가 밝아졌다.

내심 고지식한 꼰대 정치인으로 보지 않고, 정직한 정치인으로 평가해 주니 감사했지만, 낯 뜨거운 칭찬에 김문수는 어떻게 반응할지 몰라서 그냥 웃었다.

'내가 과연 진실하고 정직한 정치인일까?'

김문수는 그동안 정직하고 진실하게 살았는지, 또 그렇게 정치했는지를 진지하게 돌아봤다.

학창 시절 반훈과 교훈에서 정직은 빠지지 않았다. 사실 정직은 아무리 강조해도 지나침이 없지만 정치하면서 정직하려면 생각만으로는 지킬 수가 없었다. 비난과 손해를 감수하는 용기가 필요했고, 정직의 반대가 거짓이 아니라 부정직이라고 하니 거짓말을 하지 않았다고 해서 정직한 것이 아니라 진실을 말해야 정직한 사람이었다. 그러니 그게 어디 쉬웠겠는가?

김문수는 스스로의 삶을 돌아보니 정직까지는 몰라도 사익을 위해 거짓말로 정치하지는 않았던 것 같아서 다행이었다. 뿐만 아니라 아내도 화려하고 사치한 삶에는 무심하니 굳이 거짓말로 포장하면서 살 필요는 없었을 것이다.

"정직과 성실만이 이 나라를 구하는 유일한 길이다."
김문수는 도산의 가르침과 이름을 기억하지 못하는 시민들의 칭찬을 마음에 깊이 새기며 위로를 받았고, 용기를 얻었다.

24. 대통령 탄핵

한순간도 긴장을 풀지 못하고 살았던 인생이어서 그런지 김문수는 낙선하고 나서 시간에 쫓기지 않는 여유로움이 어색했다. 하지만 한편으론 여유롭게 새사람을 만나는 기쁨이 컸다.

도지사 시절 함께 일했던 분이 나라의 품격을 생각하는 모임을 추천했다. 다양한 분야에서 성공의 흔적을 남긴 분들이 모여서 품격 있는 선진국을 생각하며 정기적으로 토론하는 소모임이라고 했다. 국격이라는 흥미로운 주제와 새로운 분들을 만난다는 기대를 가지고 충무로에서 전철을 갈아타고 창덕궁 인근 찻집을 찾아갔다.

슬픈 청와대

"어서 오세요!"

모임장소는 잘 꾸며진 찻집이었다.

바쁜 시간을 쪼개 나라의 품격을 생각하면서 실천 방안을 모색하는 토론은 상당히 흥미로웠다.

"언론 매체를 통해서 알던 이미지와는 딴판이시네요."

참석한 분들이 이구동성으로 의외라는 표정을 지었다.

시작할 때 백수 김문수라고 소개했는데, 그들은 여전히 잠룡 운운하는 거물 정치인으로 생각했는지 편하게 대할 분이 아닌데 묘하게 편하다고 했다.

"시간 괜찮으시면 식사 함께 하시지요."

주제발표 후, 격의 없는 대화를 나누다 보니 김문수의 해박함과 솔직함에 반해서 시간 가는 줄 몰랐다고 하면서 식사 초대를 했다.

"좋습니다."

국격에 대한 시선이 유익했고, 여유로운 대화와 사람들이 좋았다.

"무슨 음식을 좋아하세요?"

모임의 총무 역할을 하는 분이 식당 선택이 신경 쓰였는지 선호하는 음식을 물었다.

광야 161

김치찌개보다는 된장찌개를 선호하고, 짬뽕보다 짜장면을 선택한다고 대답했다. 사실 평소에 찌개에 생선한 토막의 백반을 즐겨 먹고, 담배와 술은 물론 커피도 즐기지 않는다. 한마디로 건강하고 재미없는 모범생이다.

결국 된장찌개를 맛있게 한다는 낙원동 자그마한 식당에서 이야기가 이어졌다.

이들과의 만남이 자연스러워질 무렵, 최순실 게이트라는 기이한 난리가 나고 대통령 탄핵이라는 쓰나미가 강타하자 정국은 혼돈 속으로 빨려 들어갔다.

시민들은 태극기와 촛불로 갈라섰고, 선동과 배신의 정치가 난무했다.

"어떡하죠?"

탄핵 반대와 찬성으로 쪼개진 광장에선 양측 모두에서 김문수를 찾았다.

야인을 핑계로 폭풍을 피하면서 유리한 상황을 만들 수 있겠지만, 탄핵을 반대하는 편에서 마이크를 잡았다. 정치적 유불리를 계산하지 않았다. 김문수답게 주변의 만류에도 불구하고 나라의 위기를 피하지 않고 불속으로 뚜벅뚜벅 들어갔다.

"속보, 박근혜 대통령 파면!"

박근혜 대통령은 파면되었고, 사태를 수습해야 할 새누리당은 친박계와 비박계로 나뉘어 죽기 살기로 싸웠다.

결국 보수당은 자유한국당과 바른정당 그리고 늘푸른한국당으로 쪼개지면서 스스로 몰락해갔다.

25. 서울시장 출마

쓰나미 같던 정치 폭풍의 끝은 노무현 대통령의 비서실장 출신의 문재인이 대통령이 되고, 전대협 출신의 임종석이 청와대 비서실장이 되면서 정권이 교체됐다.

보수당은 대통령 탄핵이라는 치명상을 입고도 여전히 분열했고, 탄핵으로 정권을 잡은 집권세력은 거침없었다. 2018년 2월, 평창 올림픽이 한창일 때, 문재인 대통령이 북한과 연계된 지하조직 통일혁명당 사건의 주범 신영복을 소환해서 찬양하더니, 그해 4월엔 문재인 대통령과 김정은 위원장이 판문점 평화의 집에서 남북정상회담을 하면서 북한 핵 문제를 희석시키고 평화모

드를 연출했다.

　문재인 정권은 남북평화 분위기를 연출하면서, 또 다른 한편에서는 적폐청산을 명분으로 보수 진영을 위기로 몰아 갔다. 그런 와중에도 자유한국당과 바른정당 그리고 늘푸른한국당으로 쪼개진 보수정당은 오합지졸처럼 중심을 잡지 못하고 우왕좌왕하고 있을 때, 제7회 전국동시지방선거가 2018년 6월로 예고되었다.

　박근혜 대통령의 탄핵 사유에 대해선 의견이 분분했지만, 여당인 새누리당 의석이 122석인 국회에서 재적인원 300명 중에서 299명이 탄핵 투표에 참여해서 찬성 234표, 반대 56표, 기권 2표, 무효 7표로 가결됐으니 보수의 배신과 분열로 박근혜 대통령이 탄핵되었다고 해도 무방했다. 그때 김문수는 야인이었다.

　박근혜 대통령 탄핵에 앞장섰던 새누리당 출신의 유승민 의원이 이끄는 바른정당의 9석은 안철수, 김한길을 공동대표로 박지원과 정동영이 주축이 되어 호남에서 지지를 얻은 국민의당 21석과 합쳐서 30석의 제3당, 바른미래당을 만들었다.

서울시장 후보 김문수

당이 갈가리 쪼개진 자유한국당은 2018년 제7회 전국동시지방선거에서 경쟁력 있는 후보를 찾는 게 시급했고, 특히 서울시장 후보는 당선 가능성이 낮아서 더욱 어려움을 겪고 있었다.

여당인 더불어민주당에선 오세훈 전 서울시장의 자진사퇴를 기회로 정치권에 입성한 박원순 현 시장이 3선에 도전했고, 제3당 바른미래당에선 박원순 시장에게 서울시장 자리를 양보했다고 주장하는 안철수 후보가 양보했던 자리를 되찾겠다고 벼르며 후보로 나섰다.

"자유한국당으로부터 서울시장에 출마하라는 요청을 받았는데 어떻게 생각하세요?"

김문수는 오랜만에 지인들을 만나 덕담을 나누다가 불쑥 물었다.

지인들은 이해가 되지 않는다는 표정을 지었다.

"어렵다는 건 아시죠?"

심문수는 고개를 끄덕이며 대화 주제를 바꾸었다.

얼마 후, 김문수는 서울역 건너편에 있는 옛 대우빌딩 지하에 있는 커피숍으로 지인들을 불렀다. 서울역과 가까워서 약속장소로 정했지만, 옛 대우그룹의 위상을 상징하던 웅장한 갈색 외장은 그대로인데, 그때의 활기는 흔적도 찾을 수가 없었다. 하지만 누군가의 말로는 최근 상사 맨을 꿈꾸는 청년들의 애환을 그린 인기드라마 「미생」의 촬영지로 알려지면서 "세상은 넓고 할 일은 많다"고 했던 대우그룹 총수의 의미 있는 도전이 드라마의 인기와 함께 재조명되고 있다고 했다.

"어디 가시는 길이세요?

"아니요. 대구에서 이사 오는 길입니다."

김문수는 지난 총선에서 주변의 만류에도 불구하고 나라를 위한 마지막 봉사는 고향에서 하겠다고 집을 팔고 대구로 이사 갔었다. 그런데 갑자기 대구 살림을 정리해서 서울로 올라오는 길이라고 했다.

"무슨 일 있으세요?"

지인들은 뼈를 묻겠다던 각오를 뒤집을 만한 사유를 물었다. 때마침 커피숍 TV에서 속보가 나왔다.

"자유한국당 서울시장 후보 김문수 전 경기지사 검토, 경남지사 후보 김태호 사실상 확정"

"조금 진 속보는 뭐죠?"

김문수 입장에서는 2년 후 총선에 출마하는 것이 최선이었다. 그런데 소속된 자유한국당에서 서울시장에 출마하라는 요청이 있었다고 했다. 침체된 당을 살리기 위해 본인의 출마가 필요하다면 하겠다는 각오는 했지만, 자유한국당에는 서울을 잘 아는 전임 서울시장이 있었다.

김문수는 경기도지사 출신인 본인보다 전임 서울시장이 당이 처한 위기를 극복할 적임자라고 생각하고 선거를 돕겠다고 했는데, 전임 서울시장이 여러 가지 이유를 들어 당의 요청을 고사하고 있다고 했다. 하지만 당에서는 마지막까지 설득하기 위해 검토라고 발표했을 거라고 했다. 그러면서 만약에 금번 서울시장 선거에서 자유한국당 후보가 중도를 표방하는 바른미래당의 안철수 후보에게 져서 3위로 밀리면 보수의 회복이 많이 늦어질 거라고 하면서 본인의 출마보다 당을 걱정했다.

"김문수 후보는 영혼이 맑은 남자입니다."

자유한국당 홍준표 대표가 서울시장 후보로 김문수 후보를 소개했다. 홍준표 대표는 YS 시절 15대 국회에서 함께 정치를 시작한 동기지만, 김문수는 마흔이 되기까지 노동투사, 민주투사로 고문을 당하고 옥고를 치렀고, 홍준표 대표는 한 시대를 대표하는 모래시계 검사로 이름을 알렸다. 그런 그가 김문수를 영혼이 맑은 남자라고 소개했다.

결국 여당인 더불어민주당에선 오세훈 전 서울시장의 자진사퇴를 기회로 정치권에 들어온 박원순 현 시장이 3선에 도전했고, 바른미래당에선 박원순 시장에게 양보했던 서울시장 자리를 되찾겠다고 벼르는 안철수 후보가 나서면서 자유한국당 김문수 후보와 삼파전이 됐다.

"바꾸자 서울!"

선거 구호를 정하고, 어려운 선거인 줄 알면서도 의미 있는 표를 얻기 위해 최선을 다했다.

서울특별시장은 타 지방자치단체장과 위상이 다르다. 대통령을 제외하면 국무회의 참석이 가능한 유일한 선출직으로 국무회의에서 의결권은 없지만 발언권이 있다. 문재인 정부의 국무회의에 들어가기 위해서라도 당선을 목표로 뛰었다.

하지만 김문수보다 더 유리한 후보를 설득하느라 시

간을 허비했고, 익숙하지 않은 서울시에서 선거를 준비하는 시간이 부족했다. 그렇다고 바른미래당의 안철수 후보에게 밀려 3등을 하면 자유한국당은 물론 보수진영 전체에 큰 타격을 입히는 책임이 무겁고 어려운 선거였다. 선거 결과 더불어민주당의 박원순 후보가 당선됐고, 자유한국당의 김문수 후보가 2위 그리고 바른미래당 안철수 후보가 3위를 했다.

언론에선 김문수 후보의 선전이 보수의 불씨를 살렸다고 평가했지만, 김문수에겐 대구에 이은 두 번째 낙선이 됐다.

26. 광장에서

박근혜 대통령이 파면된 후, 조기대선으로 치러진 제19대 대통령 선거에서 더불어민주당 소속의 문재인 후보가 당선되고, 선거 다음 날인 2017년 5월 10일 취임식을 하면서 곧바로 대통령직을 수행했다.

"오늘부터 국민 모두의 대통령이 되겠습니다."
… 중략 …
"문재인과 더불어민주당 정부에서는 기회는 평등할 것입니다. 과정은 공정할 것입니다. 결과는 정의로울 겁니다."

문재인 대통령의 멋진 취임사와 달리 정권을 잡은 정부와 여당은 취임식이 끝나기를 기다렸다는 듯이 적폐청산을 명분으로 보수 진영을 압박하며 정적을 제거하기 시작했다.

문재인 대통령은 끝까지 북한을 주적이라고 말하지 못했고, 탈원전을 선언했지만 정작 탈원전의 최대 피해자는 우리나라였다.

국민들에게 과정은 공정하고 결과는 정의로울 것이라고 약속했던 문재인 대통령은 보수 진영의 비난에도 아랑곳하지 않고 지지자들 뒤에 꼭꼭 숨었다.

"목적은 수단을 정당화한다."

마키아벨리의 『군주론』을 들먹이지 않아도 결국 정국을 소용돌이로 몰고 간 조국 사태가 터졌다.

조국 민정수석이 2019년 8월 9일 법무부 장관에 지명되자, 조국과 그의 가족 그리고 주변 인물에 대한 다수의 의혹이 제기됐다.

입시비리 등 다수의 비리가 드러나자 주요 대학에서 지명철회를 요구하는 시위가 시작됐고, 수사를 지휘하

광장에서

던 윤석열 검찰총장이 사태의 심각성을 청와대에 전달했다고 전해졌다.

"본인이 직접적으로 책임질 불법행위가 드러난 것은 없습니다."

이례적으로 문재인 대통령이 직접 나서서 해명하고 임명을 강행했다.

북핵 문제, 사드 배치 등 안보와 직결된 일부터 사소한 일까지 말과 행동이 어긋나고, 잘못이 드러나도 아무렇지 않은 듯 행동하는 문재인 정부와 여당에 부글부글하던 보수층의 분노가 조국 문제를 계기로 폭발했다.

하지만 진실도 내 편과 네 편으로 나누는 정치꾼들과 선동꾼들의 기술로 국론은 즉시 분열됐다.

김문수는 청와대 분수대 앞에 텐트를 쳤다.

농성 23일째, 한나라당 황교안 대표가 분수대 앞에서 문재인 하야와 조국 법무부 장관 퇴진을 요구하는 삭발식을 하고 뒤이어 김문수가 삭발하면서 릴레이 삭발이 이어지고 분노한 시민들이 광장으로 하나둘 모이기 시작했다.

수백 명으로 시작하더니 수천 명, 만 명, 십만 명······. 점점 광화문 광장을 채웠다. 결국 문재인 대통령은 문재인 정권의 황태자로 불리는 조국 법무부 장관을 임명한 지 35일 만인 2019년 10월 14일 사퇴시켰다.

김문수는 박근혜 대통령의 탄핵 사건과 조국 사태를 거치면서 광장에 모인 사람들을 만났다. 진영에 따라 다른 평가가 있지만 대다수가 보통 시민들이었다. 간혹 불미스러운 일로 지탄받는 광장의 리더가 있었지만, 나라가 어려울 때마다 광장으로 모인 시민들은 삶의 모습이 달라도 진정으로 나라를 사랑하는 분들이었다.

생각을 달리 하는 측에선 그들을 뭉뚱그려 태극기 부대라고 폄하하면서 극우로 몰았지만, 그들 대다수는 극좌도 극우도 아닌 나라를 사랑하는 시민들이었다.

민주당에선 김문수가 광장의 사람들과 친하다는 이유로 극우라는 프레임을 씌우려고 애쓰지만, 김문수는 민주투사이자 노동운동의 전설일 때도 극좌가 아니었고, 광장에서 마이크를 들 때도 극우가 아니라 초지일관 자유민주주의 체제를 수호하는 정치인으로 국민의 평안과 행복을 위해 헌신했을 뿐 이념에 치우치지 않고 항상 중심을 잡았다.

27. 국무위원, 고용노동부 장관

문재인 정부의 실정에도 불구하고 중심을 잡지 못한 국민의힘은 피아식별을 못하고 내부에서 분열했다. 결국 내부인사로는 대선에서 이길 가능성이 희박해지자 여론조사에서 지지율이 높게 나온 윤석열 검찰총장을 영입해서 민주당의 이재명 후보를 아주 근소한 0.73% 차이로 이기고 대선에서 승리했다.

2022년 5월 10일, 대한민국 제20대 윤석열 대통령이 취임했다.

희망차게 출범했지만 여소야대 정국에 부족한 인재

풀과 여당의 분열로 국정운영에 어려움이 가중되고 있을 때, 야인이던 김문수는 경사노위(경제사회노동위원회) 위원장직을 제안받았다.

경사노위는 1997년 말에 닥친 IMF 경제위기 상황에서 대통령에 당선된 김대중 당선인의 요청으로 IMF 체제 극복과 노사관계 개혁을 위해 1998년 1월 15일, 제1기 노사정위원회를 발족시키면서 시작되었다.

위원회의 역할은 근로자·사용자 등 경제·사회 주체 및 정부가 신뢰와 협조를 바탕으로 고용노동정책과 이와 관련된 경제·사회정책 등을 협의하고, 대통령의 자문 요청에 응대하는 것이었다.

"뭘 망설이세요?"

주변 사람들은 김문수에게 망설이는 이유가 혹시 나이 때문이냐고 물었다.

"글쎄요."

김문수는 나이보다 현시국에서 본인의 등장이 나라 발전에 도움이 될 것인지를 두고 고민했다.

"틀림없이 진실하고 풍부한 경륜이 국정에 도움이 될 겁니다."

청년 고용정책 세미나

지인들은 현대 보수정치의 아버지로 평가받는 도널드 레이건 미국 40대 대통령을 예로 들며 김문수를 응원했다. 에이브러햄 링컨과 함께 미국인에게 가장 존경받는 대통령으로 꼽히는 배우조합위원장 출신의 로널드 레이건은 70세에 대통령에 당선되어 78세로 퇴임할 때까지, 미국내 공산주의 확산을 막고 과도한 개혁정책의 남발로 침체된 경제에 신자유주의를 채택해서 경제부흥을 일으켰다. 또한 민주주의와 공산주의가 첨예하게 충돌하던 세기의 냉전시대를 종식시켰다.

사실 혼탁한 정치판에선 경륜 있는 맑은 피의 수혈이 절실한데, 나이가 젊다는 이유만으로는 건강하고 맑은 피가 아니라는 것을 우리는 최근에 경험했다.

태생적으로 몸과 마음이 건강한 김문수는 평소 대중교통을 이용하고, 걷는 걸 좋아해서 어지간한 거리는 걸어 다녔다. 휴일에 틈이 나면 관악산을 위주로 주변의 산을 올랐고, 중학교 때부터 해온 철봉은 아직도 턱걸이 6개 이상은 거뜬히 할 수 있다. 또 점을 보거나 미신을 가까이하지 않았다.

김문수가 경사노위 위원장에 지명되자 민노총과 한노총 지도부는 표면적으로는 강력하게 반대했지만 대화는 가능했다. 오랜 시간 노동계와 맺어온 인연으로 아무래도 남들보다 진솔하게 마음을 열고 대화하는 데 도움이 되겠다 싶었지만, 문제는 국회였다.

이재명 대표가 이끄는 민주당은 이전의 정통 민주당과 사뭇 달랐다. 압도적 다수의석을 가진 민주당은 다수의 힘을 이용하여 일방적으로 국정을 흔들었다. 이런 상황에 대해선 여야 모두에게 책임이 있지만, 전례 없는 다수의석의 횡포는 국정운영에 대한 상식과 논리가 무시되고, 제헌국회 이후 지켜온 국회 관례와 여야 합의에 의한 정치를 실종시켰다.

이런 정치상황에서 김문수는 2022년 10월, 대통령 소속 경제사회노동위원회(경사노위) 위원장에 취임하면서 윤석열 정부의 일원이 됐고, 2024년 8월, 국민소득 36,000달러를 넘어 일본과 대만을 앞지르고 세계 10위권의 경제강국이 된 대한민국의 국무위원, 고용노동부 장관에 취임했다.

미래

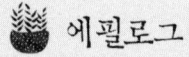 에필로그

'더 낮은 곳에서 더 뜨겁게'

 정치인 김문수의 진정성을 이처럼 잘 표현한 말이 있을까. 젊은 시절 사회주의 개혁으로 노동자와 빈민 가리지 않고 모두가 잘사는 나라를 만들겠다는 신념으로 숫사자의 갈기를 휘날리던 전설의 노동운동가이자 민주화 투쟁의 선봉에 섰던 민주투사, 김문수.

 그러나 베를린 장벽이 무너지고, 소련의 붕괴와 사회주의를 추종하던 동구권 국가가 몰락하는 현장을 직시하면서 전향을 결단하기까지, 연옥의 고통을 견디면서 사회주의 깃발을 휘날리던 숫사자의 갈기를 스스로 잘랐다. 그리고 청빈한 삶을 추구하면서 국민에게 청부한 삶을 살게 하겠다는 뜻을 세우고 사십 대에 현실 정치에 뛰어들었다.

사회주의의 폐해를 누구보다 잘 아는 김문수는 남들이 뭐라고 하든 좌파, 우파, 중도라는 이념에 함몰되지 않았고, 국가와 국민을 위해 상식과 양심, 자유와 윤리에 따라 행동하며 한결같이 자유민주주의와 자유시장경제 원칙을 지키는 데 앞장섰다.

김문수는 미지근한 정치인이 아니다. 낮은 곳에서 더 뜨거운 신념가다. 그는 자유민주주의를 향한 자신의 열정이 불씨가 되어, 이 땅의 젊은이들과 소외된 사람들이 자유시장경제에서 열심히 일할 수 있고 사랑하는 가족과 자유롭게 살아갈 수 있기를 꿈꾼다.

이 책을 통해 김문수의 신념과 열정을 함께 나누는 사람이 많아지면 좋겠다.

희망

"결식아동에게 밥을 줄 책임이 국가에 있는데, 왜 예산을 배정하지 않아서 성금에 의존하게 합니까?"

"동서고금을 막론하고, 공직자가 깨끗하지 않으면, 온 나라가 더러워져서 국민이 살 수 없는 무너진 나라가 된다."

- 김문수

김문수 이야기

초판 1쇄 발행 2025년 5월 8일
초판 2쇄 발행 2025년 5월 15일

지은이 정홍국
발행인 권윤삼
발행처 도서출판 산수야
출판 브랜드 책피랑

등록번호 제2002-000278호
주　소 서울시 마포구 월드컵로 165-4
전　화 02-332-9655
팩　스 02-335-0674

ISBN 978-89-8097-630-0　03300

값은 뒤표지에 있습니다. 잘못된 책은 바꿔드립니다.

이 책의 모든 법적 권리는 저자와 도서출판 산수야에 있습니다.
저작권법에 의해 보호받는 저작물이므로
저자와 본사의 허락 없이 무단 전재, 복제, 전자출판 등을 금합니다.